Bibliothek der Orakel

BIBLIOTHEK DER ORAKEL
TRAUMDEUTUNG
Hrsg. v. Johannes Fiebig

Zu diesem Buch

Traumdeutung – eines der meistgefragten Themen der aktuellen Lebensberatung. Hier wird der Übergang vom klassischen Wahrsagen zur modernen Lebensdeutung, die psychologisch und auf praktische Lebenshilfe ausgerichtet ist, besonders deutlich.

Sabine Lechleuthner zählt zu den bekannten Expertinnen auf diesem Gebiet. Sie war langjährige Mitarbeiterin von Hajo Banzhaf und ist durch ihre Artikel auf tarot.de und in der Zeitschrift »Zukunftsblick« bekannt. Dort deutet sie regelmäßig in der Rubrik »Traumhaft« die eingereichten Träume von Lesern. Das Buch schöpft aus diesen Traum-Beratungen und bietet darüber hinaus eine kompakte »Schule der Traumdeutung«.

Laufend neue Traum-Beratungen, weitere Träume und deren Deutung durch Sabine Lechleuthner finden Sie unter www.traumkolumne.de.

Über die Autorin

Sabine Lechleuthner (Jahrgang 1958) befasst sich seit ihrer Kindheit mit Träumen – zunächst als Träumende, später auch als »Übersetzerin« der nächtlichen Geschichten. Hierzu absolvierte sie mehrjährige Ausbildungen bei Dr. Helmut Hark und Klausbernd Vollmar sowie eine Ausbildung zum Heilpraktiker für Psychotherapie. Astrologie und Tarot erlernte sie ab 1991 bei Hajo Banzhaf. Zahlreiche Fortbildungen bei namhaften Astrologen folgten. Sie ist Gesellschafterin und Referentin der Astrologie- und Traumschule München, arbeitet als Astrologie-, Traum- und Tarotberaterin, gibt Traumseminare, lektoriert Bücher und schreibt Artikel zu Astrologie/Traum/Tarot. Sabine Lechleuthner lebt und arbeitet in München.
E-Mail: *sabinelechleuthner@t-online.de*
Homepage: *www.sabinelechleuthner.de*

Sabine Lechleuthner

Traum Deutung

Orakel · Beratung · Lebenshilfe

Nach einer Idee
von Jochen Reinecke

KÖNIGSFURT-URANIA

Unter Verwendung von Texten aus Sabine Lechleuthners Traum-Kolumnen in der Zeitschrift
»Zukunftsblick«. Nach einer Idee von Jochen Reinecke. Die Namen und sonstige Angaben der
in den Träumen vorkommenden Personen wurden geändert oder anonymisiert.

Bibliografische Informationen der Deutschen Bibliothek
Die deutsche Bibliothek verzeichnet diese Publikation in der
Deutschen Nationalbibliografie; detaillierte bibliografische Daten
sind im Internet über http://dnb.ddb.de abrufbar.

Ein großes herzliches Danke geht auch an Gerrit Marks,
meinen guten Freund, der mich und die Arbeit am Buch
von Anfang bis Ende begleitet hat. – S. L.

Originalausgabe
Krummwisch bei Kiel 2011

Copyright © 2011 Königsfurt-Urania Verlag GmbH,
D-24796 Krummwisch
www.koenigsfurt-urania.com

Bildnachweis: S. 157
Umschlaggestaltung: Jessica Quistorff unter Verwendung
der folgenden Bilder von Fotolia: Above the Clouds Heavenly
Lunar Sky © Dan Collier und »beauty frame« © aalto
Schmuckelemente: Hermann Betken unter Verwendung
der Abbildung »beauty frame« © aalto, Fotolia
Lektorat: Ulrich Magin, Leinfelden
Bildauswahl und Layout: Antje Betken, Oldenbüttel
Druck und Bindung: Aalexx Buchprodukion, Großburgwedel
Printed in EU

ISBN 978-3-86826-731-0 (Set: Buch und Traum-Tagebuch)

INHALT

Einleitung

Seit vielen Jahren deute ich in der Rubrik »Traumhaft« die Träume zahlreicher Leser für die Zeitschrift »Zukunftsblick«. Zum Auftakt schrieb ich eine vierteilige Serie mit dem Titel »Traumschule«, in der die Leser in einzelnen Schritten mit der Funktion der Träume, den Methoden der Traumdeutung, einem ausführlich gedeuteten Beispieltraum und verschiedenen Traumarten bekannt gemacht wurden.

Jochen Reinecke, Chefredakteur der Zeitschrift »Zukunftsblick«, und Johannes Fiebig, Verleger des Königsfurt-Urania Verlags, ist es zu verdanken, dass die »Traumschule« und eine große Auswahl an Leserträumen im vorliegenden Buch zusammengefasst und veröffentlicht werden konnten. Die »Traumschule« wurde hierfür um einige Kapitel erweitert. Die Leserträume und deren Deutung im 3. Teil des Buches blieben unverändert.

Die Symbolwelt, die unsere Träume ausmacht, fasziniert mich schon seit meiner Kindheit. Und genauso lange beschäftige ich mich bereits damit, sie zu entschlüsseln, zu übersetzen, aufzudecken und zu begreifen, mit dem Ziel, sie mir und anderen zugänglich zu machen.

Träume sind Ausdruck unseres lebendigen Seelenlebens. Sie schicken uns jede Nacht ungebeten und kostenlos unzählige Botschaften. Doch es gibt zwei Hindernisse, diese zu verstehen: Wir erinnern uns nicht immer an Träume, und wenn doch, dann erreichen uns ihre Nachrichten in Bildern – sie sind verschlüsselt.

Wer seine Träume zu deuten vermag, kann sich glücklich schätzen. Er erhält Zugang zum Unbewussten, das viel mehr weiß als unser Wachbewusstsein. Nach dem berühmt gewordenen Eisberg-Modell ist das Unbewusste gleichzusetzen mit dem riesigen Teil des Eisbergs unter Wasser, das Bewusstsein bildet das im Verhältnis kleine Stück, das aus dem Wasser herausragt. Ich bin der Überzeugung, dass jeder Mensch Zugang zu seinen Träumen finden kann, wenn er einige Deutungsregeln kennt und beachtet – schließlich sind die Träume ein äußerst kreatives Ausdrucksmittel, über deren Bedeutung nur der Träumer selbst wirklich Auskunft geben kann, denn es sind seine ureigenen Produkte. Häufig weiß der Träumer ungefähr, was ihm der Traum sagen will. Dennoch gibt es Träume, die sich nur schwer alleine auflösen lassen. Hier ist die Hilfe eines Traumdeuters oder einer Person des Vertrauens wertvoll.

Angesichts der Leserträume, die mich schriftlich erreichen und die ohne Gespräch mit dem Träumer gedeutet werden, mögen Sie fragen, wie man eine umfassende und erfolgreiche Traumdeutung ohne den Träumer selber überhaupt durchführen kann. Die Frage ist berechtigt. Natürlich ist ein persönliches Gespräch viel effektiver. Aber – es ist leider nicht immer möglich. Deshalb deute ich die Leserträume auf eine Art und Weise, die es den»Urhebern« dieser Träume ermöglicht, sich genau das herauszuholen, was Ihnen stimmig erscheint. Und Sie haben eine gute Übungsmöglichkeit zum Deuten, denn Sie erfahren, wie viele Interpretationen es für einen Traum geben kann.

In diesem Buch werden Sie spannende Geschichten erleben, die alle nicht aktiv ausgedacht, sondern quasi im Schlaf, also ganz ohne Anstrengung, hervorgebracht wurden. Vielleicht wird Sie der ein oder andere Traum auch an einen eigenen erinnern. Auf jeden Fall aber werden Sie am Beispiel zahlreicher Träume den Zusammenhang zwischen der aktuellen Lebenssituation eines Menschen und seinen nächtlichen Erlebnissen kennenlernen. Und das wiederum könnte Sie neugierig machen und anregen, Ihren Träumen (wieder) mehr Beachtung zu schenken. Schließlich sind Träume der kreative Selbstausdruck des Unbewussten, eine Art schöpferische Quelle, die uns alle begleitet, solange wir leben.

ORAKEL UND TRAUMDEUTUNG –
UNTERSCHIEDE UND GEMEINSAMKEITEN

Das Wort Orakel leitet sich vom lateinischen *Oraculum* ab und bedeutet »Spruch eines Gottes«. In der Antike gab es Orakelstätten, die man aufsuchte, um das Orakel zu befragen. Man erhoffte sich vor wichtigen Entscheidungen oder zu Angelegenheiten, die die Zukunft betrafen, Antworten einer höheren Instanz. Das Orakel von Delphi war die berühmteste Orakelstelle der damaligen Zeit. Zum klassischen Orakelwesen gehört die aktive Fragestellung, auf die anschließend eine Antwort erfolgt.

**Das Orakel sprach
durch Priesterinnen**

Früher war es zwar üblich, in Träumen Heilsbotschaften zu sehen, aber man konnte Träume nicht einfach aktiv befragen. Damals wie heute muss man auf Träume warten. Man kann sich allerdings mit einer Frage schlafen legen und hoffen, hierzu einen Traum mit entsprechender Antwort zu erhalten. In vorchristlicher Zeit glaubte man, die Antworten kämen von den Göttern, heute sagt man, sie entstammten dem Unbewussten oder unserem höheren Selbst. Doch ob man sich an den Traum erinnert, ist ungewiss. Behält man einen Traum im Gedächtnis, kann man ihn interpretieren (lassen). Beim klassischen Orakel wird also eine Antwort überbracht, beim Traum wird die Botschaft herausgelesen.

Gemeinsam ist beiden ein notwendiger Dritter – ein Medium, Vermittler oder Übersetzer. Beim Orakel waren es vor allem Priesterinnen, die die Antwort der Götter weitergaben. Sie waren Katalysatoren, durch die Antworten übermittelt, aber nicht gedeutet wurden. Für Träume waren Priester oder Traumkundige zuständig, die wussten, wie man die Bilder interpretiert. Heutzutage sind es Therapeuten und Traumberater, die die Symbolsprache der Träume übersetzen helfen.

In der westlichen Kultur gibt es keine Orakelstätten mehr. Doch noch immer wenden sich die Menschen an höhere Instanzen. Das können Wahrsager, Hellseher oder Medien sein. Auch Tarot- und Spielkarten oder das Horoskop lassen sich befragen. Deren Antworten erhält man dann über Bilder oder Berechnungen. Den meisten Fragenden geht es darum, einen Blick in die Zukunft werfen zu können, häufig, um eine Entscheidungshilfe zu bekommen, oder einfach Wissen über den Ausgang einer bestimmten Entwicklung in Liebe, Krankheit oder Beruf zu erhalten.

Welche Rolle spielen die Träume dabei?

Kann sich die Zukunft im Traum zeigen?

Die meisten Menschen, die sich gut an Träume erinnern, haben den Eindruck, schon einmal einen Traum gehabt zu haben, der sich bewahrheitete. Man spricht dann von *prophetischen, antizipatorischen* oder *vorausschauenden* Träumen.

Meist äußern sich diese in Warn- oder in Albträumen. Ich habe Menschen erlebt, die größte Angst hatten, ein kürzlich geträumter Albtraum könne sich bewahrheiten. Dies ist jedoch nur sehr selten der Fall. Träume verarbeiten Alltagserlebnisse, die auch mit Ängsten und Aggressionen verbunden sein können. Träumt man vom Tod eines Menschen, dann sollte man sich fragen, ob eine bekannte oder berechtigte Angst um diesen Menschen dahintersteckt, etwa, weil er schon lange krank ist. Es könnte sich aber auch um eine Aggression handeln, sodass die Person, auf die man wütend ist, im Traum vernichtet wird. Die Bildersprache des Traums bedient sich manchmal sehr dramatischer Ausdrucksmittel. Wie heftig diese sein können, kommt in dem Traumbeispiel »Ein grausamer Folterkeller – vom richtigen Umgang mit Aggressionen« auf S. 137 zum Ausdruck.

Träume kündigen manchmal Krankheiten an. Man ist versucht, an eine Vorahnung zu glauben. Nicht selten aber nimmt man im Schlaf unbewusst körperliche Veränderungen wahr, die dann in ein Traumbild verdichtet werden. Eine Klientin träumte von vielen Menschen, die links am Hals einen Verband trugen. Sie hatten dort offenbar eine Verletzung. Drei Tage später erwachte die Frau mit einer riesigen Zyste an der linken Halsseite. Sie hatte wohl gespürt, dass sich an dieser Stelle ihres Körpers etwas tat. Flüssigkeit hatte sich dort über Tage (und Nächte) angesammelt, dieser Vorgang war ihr im Wachbewusstsein nicht aufgefallen. Im Schlaf registrierte sie auf unbewusster Ebene die Veränderung und setzte das in einen Traum um.

Im psychotherapeutischen, aber auch im körperlichen Heilungsprozess können antizipatorische Träume dem Arzt wichtige Hinweise über den Heilungsverlauf geben. Hier gibt die Psyche darüber Auskunft, was für sie möglich und machbar ist. Wird eine positive Entwicklung angezeigt, unterstützt und verstärkt das den Patienten in seinen Bemühungen, gesund zu werden. Bei negativen Hinweisen kann der Arzt oder Therapeut rechtzeitig Maßnahmen ergreifen.

Es wäre jedoch falsch zu sagen, dass es diese prophetischen Träume nicht gäbe – sie kommen nur nicht so häufig vor, wie man glaubt.

Es gibt Frauen, die während der Schwangerschaft vermehrt prophetisch träumen. Das kann mit einer größeren Durchlässigkeit und Sensorik in Verbindung mit dem Schutz für das werdende Leben zusammenhängen. Hier ist das Thema heikel. Denn es kann durchaus Träume geben, die ohne jeglichen realen Gefahrenhintergrund die Ängste um den Verlust des Babys widerspiegeln. Es kann aber auch sein, dass eine werdende Mutter über einen Traum ahnt, dass ihr Kind in Gefahr ist – auf jeden Fall sollte dann eine Untersuchung folgen.

Vorrausschauende Träume können unser Leben retten – etwa wenn wir vor einem Autounfall oder Zugunglück gewarnt werden und dadurch die Reise vermeiden. Wer aber kann genau sagen, ob der Traum nicht einfach eine Angst aufzeigt, die wir vor dem Antritt einer Reise haben? Meist wissen wir jedoch nach so einem Traum, wie ernst die Warnung war, denn diese Träume vermitteln eine intensive Gewissheit.

Es ist möglich, dass man nur einmal im Leben etwas im Traum vorhersieht – und dann nie wieder. Und es gibt Menschen, die eine Veranlagung dafür haben. Es ist nicht immer leicht, damit zu leben, wie man am Beispiel »Meine Träume werden wahr …« auf S. 156 nachlesen kann.

Eine Erklärung für diese Sensibilität könnten veränderte Hirnströme sein, wie sie auch bei Medien manchmal gemessen werden.

Ebenfalls einleuchtend klingt die Theorie des britischen Biologen Rupert Sheldrake von den morphogenetischen Feldern, die er in den 1980er Jahren publizierte. Diese sollen allumfassende Informations- oder Bewusstseinsfelder der Natur sein, die einer Matrix gleich die Erde umspannen. Auf diese »Datenbank« können alle Lebewesen zurückgreifen und sich darüber auch mental austauschen. Das Prinzip von Sender und Empfänger greift hier. Sheldrake erklärt damit z. B. das Phänomen gleichzeitiger neuer wissenschaftlicher Erkenntnisse auf einem bestimmten Gebiet in verschiedenen Erdteilen ohne vorherigen

Wissensaustausch. Auch Hellsichtigkeit soll darauf basieren. Im Schlaf fallen bestimmte Wahrnehmungsfilter des Wachbewusstseins weg, sodass leichter an diese Felder angedockt werden kann. Auf diese Weise vernetzt, sollen auch zukünftige Ereignisse erkannt werden. Diese Theorie ist allerdings wissenschaftlich nicht bewiesen.

Nicht unähnlich verhält es sich mit der Akaschachronik, die von dem Anthroposophen Rudolf Steiner (1861–1925) favorisiert wurde. Bei der Akaschachronik soll es sich um ein übersinnliches »Buch des Lebens« handeln, das ein allumfassendes Weltgedächtnis enthält. Wer dazu Zugang hat, soll ebenfalls Dinge vorhersagen können. Auch hier könnte der Mensch im Schlaf Botschaften entnehmen. Das Vorhandensein der Akaschachronik ist ebenfalls eine nicht bewiesene Annahme.

Der Schweizer Traumexperte C.G. Jung, von dem hier noch ausführlich die Rede sein wird, war skeptisch, was Vorhersagen im Traum betraf. Er erkannte hier eher ein Vorauskombinieren von Wahrscheinlichkeiten, das auf vergangenen Erlebnissen basiert.

Wie dem auch sei, welche Erklärungsmodelle auch immer für prophetische Träume herangezogen werden, Tatsache ist, dass immer wieder in Traumschilderungen davon berichtet wird. Ich bezweifle nicht, dass Träume Vorhersagen enthalten können.

Mein Anliegen ist jedoch, den Träumenden aufzuzeigen, dass in den meisten Fällen ganz natürliche Mechanismen hinter solchen Vorhersageträumen stecken können. Der Schwerpunkt der Träume liegt vielmehr auf der Verarbeitung von Erlebnissen sowie auf Hinweisen, was es im Leben des Träumers anzuschauen und zu beachten gilt, damit er authentisch und zufrieden seinen Lebensweg gehen kann. Wer allzu häufig das Gefühl hat, seine Träume bewahrheiten sich, kann Ängste entwickeln, die möglicherweise den Boden bereiten für die sogenannte selbsterfüllende Prophezeiung (self-fulfilling prophecy). Das heißt, dass man unbewusst herbeiführt, wovor man Angst hat.

Andererseits will ich aber auch niemand das aufregende Gefühl nehmen, doch etwas hellsichtig zu sein, angebunden zu sein an eine überirdische Quelle, die über unser normales Vorstellungsvermögen hinausgeht und uns zumindest ab und zu die Zukunft durch Träume offenbart.

Teil I

Träume
und
Traumdeutung

Es ist schon sonderbar: Wir gehen abends zu Bett, um Ruhe und Erholung im Schlaf zu finden, doch dann sind wir plötzlich in einer Welt der Phantasie mit bizarren Bildern, mit Menschen, die uns bekannt oder unbekannt sind, Tieren, auch seltsamen Wesen und Landschaften. Wir haben die unglaublichsten Erfahrungen und erleben irrationale Szenen. Raum und Zeit sind dabei aufgehoben. Die Natur kann verrücktspielen. Alles ist möglich. Wünsche werden plötzlich wahr oder wir scheitern bis hin zum Tod. Oft wachen wir auf und sind froh, dass das alles nur ein Traum war. Nicht selten bedauern wir das auch.

Traumdeutung von den Anfängen bis heute – ein kurzer Spaziergang durch die Geschichte

Diese andere Wirklichkeit, der wir nachts begegnen, ist so spannend, dass sich die Menschen seit Urzeiten mit Träumen beschäftigen. In der Literatur gibt es unterschiedliche Angaben zur Überlieferung der ersten Träume. Die einen sehen die ältesten Traumaufzeichnungen und Deutungen im hieratischen Traumbuch, das vor rund 3500 Jahren in Ägypten auf Papyrus geschrieben wurde. Andere wiederum berichten vom ersten auf Tontafeln geschriebenen Traum des Gilgamesch, König von Uruk, einer Stadt im sumerischen Zweistromland zwischen Euphrat und Tigris. Das Gilgamesch-Epos, in dem der Held im Laufe des Lebens mit allen Höhen und Tiefen durch einen Reifeprozess geht, soll über 4000 Jahre alt sein. Es ging in die Geschichte ein.

Sowohl bei den Ägyptern als auch den Sumerern findet sich eine Art der Traumdeutung, die die Lebensumstände des Träumers miteinbezieht. Man ging aber auch von einer großen Vorhersagekraft der Träume aus. Die Ägypter erkannten in den Träumen Botschaften der Götter. Gilgameschs Träume wurden von seiner Mutter, der Göttin Ninsunna, gedeutet. Sie erkannte zukünftige Ereignisse darin, die sich auch bewahrheiteten.

Zukunftsweisende Träume kennt man auch aus der Bibel. Sie stammen von Gott und wurden durch auserwählte Personen gedeutet und somit den Träumern zugänglich gemacht. Joseph war so ein Traumdeuter. Er »übersetzte« unter anderem den berühmt gewordenen Traum des Pharao von den sieben fetten und den sieben mageren Kühen, indem er sie als sieben gute und sieben schlechte Jahre identifizierte. Auch Jakobs Traum von der Himmelsleiter gehört dazu, durch den Gott ihm eine zukünftige Aufgabe offenbarte. Dieser Traum wurde von vielen Malern bildlich umgesetzt, unter anderem von Chagall.

Berühmt geworden ist auch der Traumkult im alten Griechenland. Hunderte Tempel wurden für Asklepios, den Gott der Heilkunst, errichtet. Dorthin pilgerten die Kranken, wo sie von Priestern empfangen wurden. Sie mussten sich einem Reinigungsritual unterziehen und sich seelisch auf die Träume einstimmen. Dann legten sie sich im Tempel auf eine Bank und schliefen. Diese Bank wurde *Kline* genannt (unser Wort Klinik leitet sich davon ab). Am Morgen erzählten sie ihre nächtlichen Erlebnisse einem Priester, der sie dann deutete. Wenn sie sich nicht an ihre Träume erinnern konnten, war es auch erlaubt, sich Fantasien zu überlassen, da sie ebenfalls der Seele entstammten. Auch diese »Produkte« wurden von den Priestern interpretiert. Zu einer erfolgreichen Methode zählte auch das nächtliche Wecken durch den Priester. Schon damals hatte man herausgefunden, dass Menschen während des Träumens heftige Augenbewegungen bei geschlossenen Lidern aufweisen. Diese im heutigen Sprachgebrauch REM-Phase (rapid eye-movement) genannte Traumzeit, die mehrfach des Nachts auftritt, wird durch eine zwar nicht vollständige, aber annähernd traumlose Tiefschlafphase, die Non-REM-Phase abgelöst, welche ohne Augenbewegung abläuft. Weckt man den Träumer während oder ganz kurz nach der REM-Phase, erinnert er sich deutlich besser an seinen Traum.

Der Kult des Asklepios besagt, dass der Gott selbst die Traumbilder schickt, und der Mensch dadurch körperlich und seelisch geheilt wird. In den Traumbildern sah man Gegenentwürfe zum normalen Leben des Träumers – das heißt, der Traum erzählt, was der Mensch nicht lebt oder nicht anerkennen möchte. Dazu wurde ihm dann geraten, um ein gesundes seelisches und manchmal auch körperliches Gleichgewicht wiederherzustellen. Man erkennt hier bereits eine Kenntnis der Kompensationsfunktion des Traumes, die C.G. Jung im 20. Jahrhundert weiter herausgearbeitet hat.

Das allererste Traumbuch soll etwa 200 n.Ch. von dem griechischen Gelehrten Artemidorus von Daldis geschrieben worden sein. Er begab sich auf Reisen und sammelte etwa 3000 Traumtexte, die unter dem Titel *Oneirokritika* das ganze Traumwissen der Antike zusammenfasste. Artemidorus von Daldis unterschied zwei Arten von Träumen: die normalen, alltäglichen Träume und die vorausschauenden.

Die Beschäftigung mit den Träumen und das Finden neuer Ansätze zur Traumdeutung reicht durch die Jahrhunderte, kennt noch viele weitere Namen und findet Ende des 19./Anfang des 20. Jahrhunderts einen Höhepunkt durch die Forschungen von Sigmund Freud und C.G. Jung. Deren Ergebnisse bilden auch heute noch die Grundlage für die moderne Beschäftigung mit Träumen und ihren Inhalten.

Sigmund Freud und C.G. Jung – die Väter der modernen Traumdeutung

Sigmund Freud, um 1900

Sigmund Freud (1856–1939), Arzt und Begründer der Psychoanalyse, erkannte im Traum den »Königsweg zum Unbewussten«. Trauminhalte werden gedeutet, indem der Träumer frei zu den Symbolen, die in seinem Traum auftauchen, assoziiert (freie Assoziation). Dadurch kommt man in der Psychoanalyse irgendwann zur Ursache des Problems des Patienten, dessen Ursprung in traumatischen Erlebnissen der Kindheit liegt. Freud schrieb den Symbolen auch immer einen sexuellen Aspekt zu.

Carl Gustav Jung (1875–1961), Schweizer Psychiater und Begründer der analytischen Psychologie, vertrat einen anderen Ansatz. Zwar legte auch Jung Wert auf die Assoziation, die aber nicht frei erfolgen sollte, sondern am Symbol orientiert blieb (gebundene As-

soziation) und damit eher die aktuelle Situation des Träumers betonte. C.G. Jung verdanken wir außerdem die Annahme eines *kollektiven Unbewussten*, das die Urbilder der menschlichen Seele enthält, die sich u.a. im Traum zeigen. Die Methode der Traumdeutung nach C.G. Jung erlebt seit dem letzten Drittel des 20. Jahrhunderts bis heute geradezu einen Boom.

Gegen Ende des 20. Jahrhunderts hat die Esoterik die Traumdeutung entdeckt. Verstärkt werden Träume wieder im Sinne von zukunftsweisenden Botschaften interpretiert. Man diskutiert Astralreisen, die im Schlaf stattfinden können. Demnach verlässt die Seele den Körper und reist an ferne Orte, wo sie irgendeinen Dienst leistet. Meist erinnert nur ein Traum an das Geschehen. Auch sollen im Traum Botschaften von Verstorbenen oder Wesen aus anderen Welten empfangen werden.

Heute beschäftigt sich die Neurowissenschaft intensiv mit Schlaf und Traum. Das wird durch den technischen Fortschritt mit neuen Mess- und Untersuchungsgeräten immer spannender. Die Vorgänge im Gehirn und im Körper des Menschen während des Träumens sind Gegenstand vieler Untersuchungen. In Schlaflabors werden darüber, wie Träume entstehen oder was in den einzelnen Schlafphasen des Menschen geschieht, aufregende Entdeckungen gemacht. Die Deutung der Trauminhalte bleibt jedoch hauptsächlich der Arbeit von Therapeuten und Traumforschern überlassen.

27. Juli 2010

2⁵⁵ Uhr

Ich bin in einer großen Altbauwohnung hoch
über den Dächern. Plötzlich sehe ich Wasser
draußen vor dem Fenster. Wie ist das möglich?
Wo kommt das her? Gibt es hier eine Über-
schwemmung? Ich laufe zur rechten Fenster-
seite, da ist nichts. Schaue nach unten,
dort sehe ich aufgeweichten Schlammboden.
Und plötzlich bricht eine riesige Erdscholle weg,
dann noch eine, überall bricht der Boden weg.
Gleich rutscht das Haus weg, denke ich. Da beginnt es schon zu wackeln.... In Panik schrecke
ich hoch.

Tagesrest: Habe einen Film über extrem hohe
            Wellen gesehen (Tsunamis).

Aktuelle Lebenssituation: Beziehung ist unsicher

Erste Hinführung zur Traumdeutung

Jeder träumt – auch wenn er es nicht weiss

Jeder Einzelne von uns träumt, auch wenn sich nicht jeder an seine Träume erinnert. Wir haben ca. 4–6 Träume pro Nacht, und wenn wir »nicht geträumt haben«, wie der Volksmund sagt, heißt das eigentlich nur, dass wir uns nicht an unsere nächtlichen Erlebnisse erinnern.

Das kann verschiedene Ursachen haben: die Angst vor unliebsamen Traumbotschaften, eine Ablehnung und Abwertung des Trauminhaltes generell (»so ein Unsinn« hört man oft), Stressfaktoren. Es kann neuerer Forschung zufolge auch mit der Dauer einzelner Schlafphasen zu tun haben oder mit der Einnahme bestimmter Schlafmittel, die die Traumtätigkeit verhindern können.

Wie kann man sich an seine Träume erinnern?

Eine gute Methode, die Träume in Erinnerung zu behalten, ist, Papier und Bleistift ans Bett zu legen und sofort nach dem Erwachen für jeden erinnerten Traum den Trauminhalt aufzuschreiben – und sei es nur ein Bild, Satz oder ganz kurzer Abriss, der aufscheint. Alles ist wichtig. Wenn man auf diese Weise seinen Träumen Beachtung schenkt – auch wenn man noch so müde ist –, dann bleiben sie mit der Zeit immer mehr im Gedächtnis.

Auch die Beschäftigung mit Märchen, Mythen, Bildern (z.B. auf Tarotkarten) regt das Unbewusste an und kann zu intensiven Träumen und verbesserter Erinnerung führen, weil man für die Symbolsprache offen ist. Manchen Menschen hilft es, Kräuter wie Beifuß und Hornklee im Schlafzimmer aufzuhängen – sie sollen ebenfalls die Erinnerung an Träume fördern.

Besondere Pflanzen, Kräuter und Essenzen fördern die Traum-Erinnerung

DAS NOTIEREN VON TRÄUMEN

Je vollständiger der Traum, umso exakter die Deutung. Auch wenn die Träume leicht im Gedächtnis bleiben, sollte man sie immer aufschreiben. Am besten notiert man Datum und Zeitpunkt des Traumes sowie Erlebnisse vom Vortag, die Anstoß für einen Traum sein können. Man spricht dann vom *Tagesrest*. Träume beziehen sich immer auf aktuelle Ereignisse bzw. die aktuelle Lebenssituation. Durch das tägliche oder auch nächtliche Aufschreiben kann man wunderbare Studien betreiben. Manchmal zeigen sich über Wochen zu einem bestimmten Thema ganze Traumserien. Ist das Thema nicht mehr aktuell, verschwinden auch die Träume. Das Datum ist wichtig, weil Trauminhalte Bezug zu Jahrestagen (Geburtstag, Hochzeitstag …) oder anderen Tagen nehmen können, an denen sich wichtige Dinge im Leben des Träumers ereigneten.

Ein Klient notierte beispielsweise einen Traum, den er in der Nacht zum 1. April 2009 hatte. Er träumte ausführlich, wie seine Frau, mit der er zehn Jahre verheiratet war, sich von ihm scheiden ließ.

Im realen Leben war der Träumer jedoch nie verheiratet gewesen, lebte zum Zeitpunkt des Traumes als Single und hatte in den Tagen zuvor keinerlei Erlebnisse im Zusammenhang mit Trennung oder Scheidung. Er konnte sich den Traum überhaupt nicht erklären. Durch Nachfragen (was war vor 10 Jahren?) stellte sich heraus, dass ihm im Jahr 1999 gekündigt worden war, das Schreiben hatte ihn damals am 1. April erreicht! Weitere Gespräche ergaben, dass er zu der Zeit »mit seinem Beruf verheiratet« war. Einen Tag vor dem Traum hatte er sich über sein derzeitiges berufliches Engagement Gedanken gemacht.

Geht man davon aus, dass die Träume die Sprache des Unbewussten und damit ein Ausdruck der Seele sind, ergeben sich folgende Fragen:

Was bedeuten meine Träume, welche Botschaften kann ich ihnen entnehmen, wie kann ich sie in Krisenzeiten nutzen? All dies mündet in der Frage: Wie kann ich meine Träume entschlüsseln?

Wichtige Bausteine
zur Entschlüsselung der Träume

Der Narr auf seiner Heldenreise

Die Sprache der Träume ist bildhaft. Sie teilt sich meist nicht direkt über eine klare Aussage mit, sondern bedient sich verschiedenster Symbole, zu denen nicht nur Gegenstände, sondern auch Personen, Tiere, Farben, Zahlen, Formen usw. gehören.

Für das Wort *Symbol* gibt es unglaublich viele verschiedene Erklärungen. Es leitet sich vom griechischen *symballein* ab, das »zusammenwerfen, zusammenfügen« bedeutet. Vereinfacht gesagt steht ein Symbol »stellvertretend für etwas anderes«. Das kann ein Begriff, ein Zeichen oder ein Bild sein, das einen Sachverhalt oder eine Idee ausdrückt. Auf den Traum bezogen verdichten sich im Traumsymbol psychische Energien zu Bildern und Handlungen. Die Grundbedeutung eines Symbols und die persönliche Sichtweise des Träumers muss nach C.G. Jung bei der Deutung berücksichtigt werden. Das sehr häufig in unserer westlichen Gesellschaft auftretende Traumsymbol Auto hat beispielsweise als allgemeingültige Grundlage: schnelles Fortbewegungsmittel von A nach B. Die individuelle Bedeutung kann jedoch variieren: Umweltverschmutzung, Freiheit, Unabhängigkeit, durch Fahrprüfung gefallen, Versagensgefühl, Verkehrsunfall, Statussymbol – all dies und mehr kann zum Auto assoziiert werden. Das belegen auch die Autoträume »Riskante Fahrt …« und »Auto verloren« auf S. 111 oder 149.

Jung erkannte jedoch im Symbol auch eine überpersönliche Bedeutung, die allen Menschen immanent ist. Er geht von einem kollektiven Unbewussten aus, in dem das vorhandene Urwissen der gesamten Menschheit liegt, unabhängig von unterschiedlichen kulturellen Hintergründen und Prägungen. So stammt das geträumte Symbol Tod aus dem kollektiven Unbewussten des Träumers, weil der Tod für alle Menschen die gleiche Bedeutung hat. Wir alle wissen um unsere Sterblichkeit. Solch allgemeingültige Symbole nannte Jung *Archetypen*. Archetypen finden sich nicht nur in Träumen, sondern auch in Märchen, Mythen und Sagen. Auch die Bibel ist voll davon. Zu den Archetypen gehören z. B. der oder die Alte Weise, der König, die Königin, der Held.

Für die Traumdeutung ist es wichtig, auf diese alten Geschichten zurückzugreifen, die Traumbilder damit anzureichern und Verknüpfungen herzustellen – das nennt man *Amplifikation*. Ist so eine Verbindung gemacht, erleichtert das die Deutung des Traums. Ein Beispiel: Jemand träumt, er bricht zu einer Reise auf und wird dabei von einem Hund begleitet. Nun wird er alle möglichen persönlichen Assoziationen zu diesem Bild haben. Aber vielleicht kennt er die Tarotkarte »Der Narr«, auf der ein Jüngling mit Hund zu sehen ist. Die Karte symbolisiert den Aufbruch des Helden in sein Leben, begleitet von der inneren Stimme, die der Hund darstellt. Diese innere Stimme, gleichsam der Instinkt, wird ihn vor allen Gefahren warnen, die ihm auf der Heldenreise begegnen, sodass er gut an sein Ziel kommen wird – wenn er darauf hört. Hier geht es – wie man sehr schön sehen kann – nicht mehr nur um den Träumer, seine persönliche Einstellung zu Reisen oder seine Beziehung zu Hunden, sondern auch um ein überpersönliches Bild – den Aufbruch in einen neuen Lebensabschnitt unter der Berücksichtigung der inneren Stimme. Somit handelt es sich um einen Archetyp und damit um einen archetypischen Traum. Von so einem Traum spricht man immer dann, wenn der Inhalt neben dem persönlichen Bezug zum Träumer eine für alle Menschen gültige Aussage hat. Deswegen geht der archetypische Traum weit über den normalen Alltagstraum hinaus, in dem persönliche Erlebnisse des Träumers verarbeitet werden. »Midlife-Crisis – die seelischen Wechseljahre« auf S. 104. ist ein gutes Beispiel für solch einen archetypischen Traum.

Durch die Nutzung des Wissens um die Bedeutung der Tarotkarte (Amplifikation) kann der Traum erweitert gedeutet werden. Deshalb ist es für eine gute Traumdeutung ratsam, jedoch nicht zwingend notwendig, möglichst viele dieser Archetypen zu kennen, die sich wiederum in Geschichten und auf Bildern wiederfinden.

Es gibt noch weitere psychische Mechanismen und Symbole, die bei der Traumdeutung berücksichtigt werden sollten: der *Schatten*, die *Anima* und der *Animus*. C.G. Jung prägte diese Begriffe.

Der Schatten ist ein unbewusster, ungelebter oder auch abgelehnter Anteil des Träumers. Er taucht oft in der Gestalt einer gleichgeschlechtlichen, unbekannten Person auf, ab und zu auch ohne Gesicht, sowie als Verfolger oder Angreifer. Dabei kann es sich auch um ein gefährliches Tier handeln. Erscheint er als Archetyp, dann träumt man z. B. vom Teufel. Hier gilt es darauf zu achten, welcher Anteil des Träumers sich hier bemerkbar macht und gesehen werden will.

Ausgehend von der Annahme, dass in der Psyche jeder Frau und jeden Mannes ein weiblicher und ein männlicher Seelenanteil angelegt ist, spricht Jung von Anima und Animus. Diese Anteile werden jedoch häufig zu einseitig gelebt. Betont ein Mann zu sehr seinen Animus, d. h. den männlichen Anteil, machen ihn Träume darauf aufmerksam, dass es an der Zeit ist, sich um seine Anima zu kümmern, den weiblichen Anteil. Die Anima zeigt sich im Traum häufig in Gestalt von Frauen, die als Heldin, Jungfrau, Hure, Madonna etc. auftreten.

Umgekehrt gilt das Gleiche für die Frau. Ist sie zu weiblich orientiert, wird in ihren Träumen der Animus auftauchen und Beachtung fordern. Typische Animusgestalten sind männliche Figuren wie Helden, Vater, Autoritätspersonen … Weitere Varianten sind auch möglich: zu viel Anima beim Mann, zu viel Animus bei der Frau.

Bei einer schriftlichen Traumdeutungsanfrage ohne persönliches Gegenüber muss schon allein wegen dieser Deutungsmöglichkeiten unbedingt bekannt sein, ob der Träumer männlich oder weiblich ist.

Wozu träumen wir?

Hier kommen wir zur **Funktion der Träume:** Sie haben immer eine wichtige Botschaft für uns. Sie können ausgleichend wirken, dann sind sie *kompensatorisch*: Haben wir zu viel Gefühl, bringen sie uns über die Symbolsprache den Intellekt näher, gehen wir zu verstandesmäßig an die Dinge heran, erinnern sie uns an unsere gefühlsmäßige Seite.

Träumen Sie häufig von Wasser? Das ist ein Symbol für Emotionen. Sie können sicher sein, dass Sie sich mehr mit Ihren Gefühlen beschäftigen sollten.

Träume helfen uns, Alltagssituationen, aber auch schwierige Erlebnisse zu verarbeiten. Sollten Träume mit belastendem Inhalt immer wiederkehren, dann benötigen sie dringend unsere Aufmerksamkeit. Wir müssen uns mit ihnen auseinandersetzen, notfalls auch mit therapeutischer Hilfe.

Träume weisen uns auch auf nicht integrierte, verdrängte Persönlichkeitsanteile hin, die angeschaut und gelebt werden möchten.

Träume können uns warnen. Diese sogenannten Warnträume machen uns auf Situationen oder Personen aufmerksam, die uns nicht guttun oder sogar eine Gefahr für uns darstellen. Meist nehmen wir bereits tagsüber etwas von diesen Schwierigkeiten auf, die sich für uns ergeben könnten, wollen dies aber nicht wahrhaben. Im Traum meldet sich dann das Unbewusste und macht uns die Gefahr deutlich, manchmal auch durch eine Person aus unserem realen Leben, die wir akzeptieren oder die uns wohlwollend begegnet. Wenn es sich um bereits verstorbene Angehörige handelt, die uns eine Warnbotschaft bringen, glauben wir, dass sie mehr wissen als wir und es gut mit uns meinen. Das kann durchaus so sein. Jedenfalls tun wir gut daran, diesen Träumen große Aufmerksamkeit zu schenken. Das Gleiche gilt für Träume, die vor Entscheidungen auftreten und uns einen Weg weisen und für Träume mit spezifischen Heilsbotschaften. Sie raten uns, was wir tun können, damit es uns in schwierigen oder ausweglosen Situationen besser geht. Beispiele hierzu finden Sie im Traumteil, unter anderem im Traum »Alkohol verfolgt mich überall hin – eine Sucht?« auf Seite 110.

Wie geht man bei der Deutung der Träume vor? – Die Rolle des Träumers und des Deuters.

Es empfiehlt sich eigene Träume einem Gegenüber zu erzählen, denn oft mangelt es einem selbst am nötigen Abstand. Nur allzu leicht übersieht man, was einen persönlich betrifft, weil es einem entweder zu vertraut ist oder es sich um ein Schattenthema handelt. Mit einem vertrauten Menschen hat man die Chance, sich auszutauschen, kann Fragen stellen oder wichtige Anregungen erhalten.

Wichtig ist für eine Traumdeutung auch, einen geschützten Rahmen zu wählen. Träume, die zwischen Tür und Angel mit der Frage:»Und was bedeutet das jetzt?« erzählt werden, sollte man nicht deuten. Es kommt nicht viel dabei heraus.

Träume verlangen Achtsamkeit, Aufmerksamkeit und Respekt. Sie sind Produkte der Seele eines Menschen. Wenn der Träumer nicht achtsam mit ihnen umgeht – aus Angst oder Unkenntnis –, sollten wir dem nicht folgen.

Die Hauptaufgabe des Traumdeuters liegt darin, dem Träumer bei der Entschlüsselung der Traumsymbole zu helfen, um damit wichtige Hinweise für die aktuelle und eventuell zukünftige Lebenssituation zu gewinnen. Hierfür sind Intuition und Intellekt gleichermaßen wichtig. Wer nicht mitschwingen kann mit einem Traum und seinem Erzähler – ohne dabei den Abstand zu verlieren –, wird viele nonverbale Informationen nicht erfassen oder Bilder übersehen. Intuition und die Fähigkeit zur Analyse sind gefragt, wenn es darum geht, Rückschlüsse zu ziehen, Fragen zu stellen, einen roten Faden zu finden und schließlich die Assoziationen des Träumers gemeinsam in Worte zu fassen.

Der Träumer sollte seinen Traum immer erzählen, auch wenn er ihn in geschriebener Form mitbringt. Durch die Schilderung wird er noch einmal in die Stimmungslage des Traums hineinversetzt. Der Traumdeuter hingegen erhält wichtige Hinweise durch die Art der Erzählung. Es ist darauf zu achten, wie der Träumer spricht: schnell, langsam, emotional, unberührt, distanziert? Ist sein Verhalten angemessen oder abweichend?

Das passiert z. B., wenn der Träumer traurige Abschnitte lachend erzählt, oder fröhliche Dinge mit Grabesstimme. Weint der Träumer beim Erzählen? Gibt es Freud'sche Fehlleistungen, also Versprecher? Wie ist die Körpersprache des Gegenübers?

Man sollte sich Notizen dazu zu machen – sie können bei der anschließenden Deutung wichtig werden, vor allem, wenn es sich um einen langen Traum handelt. Ist der Träumer am Ende seiner Schilderung angelangt, kann man Verständnisfragen stellen:»Habe ich das so richtig verstanden? War dies oder jenes so oder ganz anders gemeint?« Es ist wichtig, den Traum auch im Detail gut zu verstehen. Das ist nicht selbstverständlich, da die Traumwelt nicht rational ausgerichtet ist. Man hat es mit Phantasiegebilden zu tun.

Es gibt viele Möglichkeiten des Einstiegs in die Deutung. Man kann mit einem markanten Symbol beginnen oder man deutet den Traum chronologisch von Anfang bis Ende. Letzteres empfiehlt sich für den Anfänger.

Meist ist der Traum in drei Teile aufgebaut, er hat sozusagen einen Spannungsbogen. Es geht mit einem Einstieg los, dann kommt die Haupthandlung und dann das langsame Hinführen zum Ende, das meist eine Lösung bereithält, wenn man nicht – wie bei Albträumen möglich – vorzeitig erwacht oder hochschreckt.

Durch gezielte Fragestellung begleitet der Traumdeuter den Träumer durch den Traum.

»Was fällt Ihnen hierzu ein? Könnte es sein, dass …? Woran erinnern Sie diese Situation? Kennen Sie so etwas aus Ihrem Leben? Finden Sie Parallelen zu Ihrem Elternhaus? Handelt es sich um ein Lebensmuster, das der Traum spiegelt? Haben Sie so etwas real schon einmal erlebt? Wie stehen Sie dazu?« Usw. Dann kann der andere aus seiner Erlebniswelt und Sichtweise heraus antworten und dadurch Klarheit über sich erlangen. Außerdem sollte man nie vergessen, dass es sich immer um das Traumgebilde eines anderen Menschen handelt. Ein häufiger Fehler bei der Traumdeutung ist, von sich auf andere zu schließen. Ein Beispiel: Träumt jemand von einem Fahrrad, lauten die Fragen:»Was bedeutet für Sie ein Fahrrad? Welche Einstellung haben Sie dazu? Was fällt Ihnen dazu ein?« Tun wir das nicht und deuten einfach drauf los, kann es passieren, dass wir nicht zur Auflösung des Traumes kommen. Vor allen Dingen, wenn der Traumdeuter eine völlig andere Vorstellung von einem Fahrrad hat als der Träumer. Er könnte z. B. ein Rennrad vor Augen haben, während sein Gegenüber an ein Stadtrad für Einkäufe denkt.

Zu beachten ist auch, aus welchem Kulturkreis der Träumer kommt. Unter Umständen verändert sich dadurch die Symbolik. In Deutschland gilt beispielsweise die 13 als Unglückszahl. In Italien ist es die 17. So wird ein Italiener die Zahl 17 im Traum möglicherweise mit einem bevorstehenden Unglück verbinden, nicht aber die Zahl 13. Nachfragen schafft Klarheit.

Bei der Deutung gilt es auf zwei wichtige Unterschiede zu achten: Man kann einen Traum auf der *Subjektstufe* deuten, auf der *Objektstufe* oder auf beiden. Entscheidet man sich für die Subjektstufe, sind alle Aspekte eines Traums als Anteile des Träumers zu sehen. Zwei Beispiele: Träumt jemand von einem jungen, tatkräftigen Mann, so ist das auch eine Energie, die im Träumer selbst angelegt ist – ob sie nun gelebt wird oder nicht. Oder: Begegnet einem im Traum ein Wachhund, dann sollte man sich fragen, wo man sich selbst als solcher betätigt. Dann findet man diese Art von Instinkt auch in sich selbst.

Entscheidet man sich für eine Deutung auf der Objektstufe, dann haben alle Aspekte des Traums Bezug zur realen Welt. Um bei den Beispielen zu bleiben: Dann kennt der Träumer entweder den jungen, tatkräftigen Mann bzw. den Wachhund aus seinem realen Leben oder hat mit einem Menschen oder Tier zu tun, das diese Züge verkörpert.

Man sollte sehr genau wählen, welche Stufe man zur Deutung heranzieht bzw. ob man beide nacheinander anwendet. Nicht immer ist der Träumer offen dafür, wenn man ihn fragt, ob er Eigenschaften des gewalttätigen Mannes, der leidenden Frau oder des gefährlichen Tieres aus seinem Traum auch von sich selber kennt. Hier verlangt die Traumarbeit viel Fingerspitzengefühl und Erfahrung.

Der Traumdeuter kann durch Hinweise auf bestimmte Dinge, die ihm auffallen, aufmerksam machen.»Was sagen Sie zu der Tatsache,

dass …? Kennen Sie das Märchen von …? Möchten Sie noch dies oder jenes ansprechen …?«

Durch diese Art der Begleitung fühlt sich der Träumende nicht überfrachtet mit Gedanken und Ideen des Deuters, und kann dadurch bei sich selber bleiben. Er erhält Hinweise und Angebote, die er annehmen oder ablehnen kann. So hat er am Ende das Gefühl, er selbst habe den Traum gedeutet – und das ist richtig. Nur der Träumer weiß, was in seinem Traum steckt, er braucht lediglich einen Übersetzer dazu.

Die Traumdeutung ist erfolgreich beendet, wenn der Träumer das Gefühl hat, das Ergebnis sei für ihn stimmig. C.G. Jung spricht hier vom *Evidenzgefühl.*

Nur der Träumer selbst kann diese Aussage treffen, denn es handelt sich schließlich um seine ganz eigenen nächtlichen Erlebnisse. Doch auch wenn keine sofortige Lösung gefunden wird, reicht schon die Beschäftigung mit dem Traum aus, um Impulse zu setzen. Strapazieren Sie sich und andere nicht unnötig mit dem Ehrgeiz, unbedingt zu einem Ergebnis zu kommen. Manchmal gibt es auch sinnvolle Widerstände. Dann ist die Zeit einfach noch nicht da, bestimmte Seeleninhalte ans Licht zu bringen. Mit der Traumdeutung und dem Menschen, der uns seinen Traum *an-vertraut,* sollte man immer respektvoll und vorsichtig umgehen, denn der Traum gibt einen tiefen Einblick in die Seele des anderen. Es lohnt sich, die Träume zu beachten und zu entschlüsseln. Durch unsere Träume können wir uns besser kennenlernen, denn sie enthalten Botschaften, die wir ernst nehmen sollten, um psychisch und physisch gesund zu bleiben. Es sind Botschaften aus der Seele, ja Wegweiser der Seele, die uns des Nachts – sozusagen im Schlaf – geschenkt werden.

LEITFADEN ZUR TRAUMDEUTUNG –
DER 10-PUNKTE-PLAN

Für die Traumdeutung ist es wichtig, sich dem Inhalt des Traumes durch Fragen zu nähern – egal, ob Sie einen eigenen Traum oder den eines anderen Menschen deuten.

Hier die bedeutsamsten Fragen, die Sie der Reihenfolge nach stellen sollten:

1. Wie war das **Aufwachgefühl**? Gut, schlecht, traurig, wütend, glücklich, gleichgültig? Passt das Gefühl zum Inhalt des Traumes?

2. Gibt es einen **Tagesrest**, an den man sich erinnert? Was war gestern oder vor ein paar Tagen? Steht das in Zusammenhang mit dem Inhalt des Traumes?

3. Was macht das **Traum-Ich auf dem Hintergrund von Ort und Zeit**? Ist man distanzierter Beobachter oder Teil des Geschehens? Wo findet das Ganze statt und zu welcher Zeit?

4. Kennt man die **Gefühle** oder **Reaktionen** im Traum? Oder macht man (oder jemand) etwas, was einem normalerweise fremd ist? (Das könnte ein Schattenthema sein oder mit Kompensation zu tun haben.)

5. Welche **Symbole** tauchen auf und was fällt einem dazu ein? (Assoziieren). Sollte es sich z. B. um eine Zahl x handeln, fragt man: Was war vor x-Jahren? oder: Was war, als ich x-Jahre alt war? Sie werden erstaunt sein, was sich da zeigen kann.

6. Wie ist die **Traumsprache**? Erkennt man **Redewendungen**? – Der Traum offenbart sich in Bildern. »Der Wasserspiegel steigt, plötzlich reicht mir das Wasser bis zum Hals.« Oder: Gibt es Wörter, deren Sinn sich verändert, wenn Sie einen Buchstaben austauschen? Z. B. Nacht – Macht. Oder sprechende Namen: Im Wort Hel-mut steckt das Wort Mut. Seien Sie kreativ, spielen Sie mit **Wörtern** und **Sätzen**.

7. Gibt es im Traum **Abweichungen** von der Norm? Was fehlt, was

ist zu viel? Wenn Sie z. B. einen Traum haben, in dem nur Frauen vorkommen, fragen Sie, wo die Männer sind!

8. Erkennt man im Traum **alte Muster**? **Reaktionen**? Verhalten, das man immer wieder an den Tag legt, obwohl man eigentlich gar nicht möchte?

9. Wie ist die **momentane Lebenssituation**? Gibt es Ereignisse, Veränderungen usw., die einen besonders beschäftigen? Kann man einen Bezug zum Trauminhalt herstellen?

10. Was will einem der Traum letztlich sagen? Welche **Lösungen** bietet er an?

Bei der schriftlichen Traumdeutung ohne Gegenüber können viele dieser Fragen nicht beantwortet werden. Dann geht es vermehrt darum, dem Träumer mitzuteilen, was einem aufgefallen ist am Traum. Bei den Symbolen kann man Deutungsangebote machen. Über verschiedene Fragen und mögliche Antworten, die aus dem Traum herausgelesen werden können, wird der Träumer angeregt, darüber nachzudenken, was auf seinen Traum zutreffen könnte. Sehen Sie dazu die Beispielträume im 3. Teil. Durch die Vorschläge setzt sich der Träumer intensiv mit dem Traum auseinander und es kann gut sein, dass er dann eine ganz eigene Idee dazu bekommt.

Beispieltraum mit detaillierter Deutung

**Blühende Tulpen im Schnee –
Symbol der Hoffnung**

Der folgende Traum stammt von Peter M., einem 50-jährigen Mann, der gerade eine private Insolvenz erlebt hatte. Er war selbstständig und hatte durch Fremdverschulden alles, was er besaß, verloren. Bis zu jenem Zeitpunkt hatte Peter ein Luxusleben geführt mit Haus, zwei teuren Autos, Reisen. Es fehlte ihm an nichts. Doch plötzlich kam es zu einer dramatischen Wende in seinem Leben, er verlor seine Freundin durch Krebs und kurz darauf seinen ganzen Besitz und damit auch seinen Status. Er kam mit Selbstmordgedanken in die Traumberatung.

Peters Traum

Ich schaue aus dem geöffneten Fenster meines Hauses und blicke auf eine Schneelandschaft. Alles ist trist und weiß. Ich bin mir darüber im Klaren, dass ich Krebs habe und mein Haus verlassen muss. Im Bewusstsein, sterben zu müssen, gehe ich hinaus und stapfe durch die Landschaft. Ich fühle mich sehr einsam und ohne Hoffnung. Ich sehe überall nur den weißen Schnee. Gehe endlos weiter. Nach etwa zehn

Minuten bemerke ich plötzlich eine Vertiefung im Schnee. Da zeichnet sich eine Rundung ab. Ich wische den Schnee weg und ein Straßendeckel wird sichtbar. Ich hebe ihn hoch. Darunter ist alles finster, es scheint, als schaue ich in ein tiefes, schwarzes Loch. Ich sehe gar nichts. Gerade als ich den Deckel wieder schließen will, entdecke ich zu meiner allergrößten Verwunderung Pflanzen, die dort unten stehen. Meine Augen haben sich etwas an die Dunkelheit gewöhnt, und es zeichnen sich immer mehr grüne Pflanzen ab mit roten Knospen. Sie sehen aus wie Tulpen. Wie können diese Blumen in der Finsternis wachsen? Ich schließe den Deckel und gehe weiter durch den Schnee. Allmählich bemerke ich, dass auch aus dem Schnee rote Tulpenknospen herausschauen. Rechts und links, überall. Wie ist das möglich?

Wenden wir uns nun ganz systematisch den einzelnen Schritten der Deutung zu:

1. **Das Aufwachgefühl**
Peters Aufwachgefühl bestand aus positiver Verwunderung. Im Traum selbst war er traurig, ohne Hoffnung, deshalb staunte er über seine guten Gefühle beim Erwachen.

2. **Der Tagesrest**
Peter sagte, dass er nun wieder »zu Fuß« unterwegs sei. Seine Autos hatte er in der Woche des Traums verkauft. Dabei entstand in ihm das Bild, als Wanderer mit nichts als einem Rucksack durchs Leben zu gehen.

3. **Das Traum-Ich, Ort und Zeit**
Der Träumer ist Mittelpunkt des Traums, Teil der Handlung und nicht etwa Beobachter. Orte sind: Haus, Schneelandschaft, ein finsteres Loch. Es ist Tag, Winter und spielt im Hier und Jetzt.

4. **Gefühle im Traum**
Einsamkeit, Trauer, tiefe Hoffnungslosigkeit, Verwunderung.

5. **Die Symbole des Traums**

Haus, Krebserkrankung, Schneelandschaft, Deckel, schwarzes Loch, grüne Pflanzen mit roten Knospen wie Tulpen, die Zahl 10, die Farben Weiß, Schwarz, Grün, Rot.

6. **Sprache im Traum**

Peter hat den Traum aufgeschrieben und erzählt. Er gab den Traum ohne Brüche wider, er sprach langsam und leise, versprach sich nicht, es gab keine speziellen Redewendungen, keine sprechenden Worte. Einzig der Ausdruck »tiefes schwarzes Loch« könnte übertragen gesehen werden: Man sagt:»Ich fiel in ein tiefes, schwarzes Loch«, ein Zeichen für Ausweglosigkeit und Depression.

7. **Abweichungen erkennen**

Blumen, die in der Dunkelheit und im Winter blühen.

8. **Alte Muster/Reaktionen**

Dem Träumer fielen die Farben Schwarz und Weiß auf, seine Lieblingsfarben. Und er erinnerte sich, dass er schon einmal eine Insolvenz erlebt hatte, die jedoch nicht so schwerwiegend war.

9. **Die Lebensumstände – die momentane Situation**

Die Insolvenz beherrschte zum Zeitpunkt des Traums sein Leben. Peter musste alles loslassen, nichts gehörte ihm mehr. Der Tod seiner Freundin machte ihm zu schaffen, aber auch die eigene Existenz war akut gefährdet.

10. **Lösungen anschauen, was will der Traum sagen?**

Der Traum spiegelte die aktuelle Lebenskrise sehr genau, versprach aber auch einen positiven Ausgang; symbolisiert durch Blumen mit Knospen, die sich für Peter unter scheinbar unmöglichen Wachstumsbedingungen zeigten.

Folgende Fragen des Traumdeuters an den Träumer ermöglichen das gemeinsame Herausarbeiten der einzelnen Punkte:

»Wie war das Aufwachgefühl? Erinnern Sie sich an einen Tagesrest? Wo befanden Sie sich im Traum? An welche Gefühle erinnern Sie sich? Welche Symbole finden sich in Ihrem Traum und was verbinden Sie damit? Haben Sie diese Redewendung bemerkt? Mir ist z. B. aufgefallen ... An was haben Sie gedacht, als ...? Kennen Sie diese Reaktion (oder Tatsache), kommt Ihnen diese Haltung usw. bekannt vor? Kann es sein, dass ...? Passt das zu Ihrem momentanen Leben? Erleben Sie gerade so etwas? Was glauben Sie, was Ihnen der Traum für eine Botschaft gibt? Ich könnte mir vorstellen, dass ... wie sehen Sie das?«

Durch die Antworten können Sie dann gemeinsam das Traum-Puzzle zusammensetzen.

Noch ein wichtiger Hinweis, bevor es losgeht mit der Deutung

Essenziell bei der Traumdeutung ist, am Traumgeschehen zu bleiben. Wir neigen häufig dazu, die Dinge gleich intellektuell umzusetzen, zu erklären. Wir wissen, dass einige Blumen unter dem Schnee bereits wachsen und hervorschauen können. Aber das wiederum widerspricht hier der Verwunderung des Träumers. Für ihn ist das im Traum ganz unmöglich.

Die Deutung des Traumes

Hier haben wir es ganz eindeutig mit einem Krisentraum zu tun, der sehr gut die Stimmung des Träumers widerspiegelt. Der emotionale (Tod der Freundin) und der materielle Verlust (Insolvenz) haben seine Psyche erschüttert. Wie sehr, zeigt sich im Traum: Er muss sein Haus verlassen, sein Nest, seine Geborgenheit, alles, was ihm Sicherheit und Schutz geboten hat.

Er ist zum Aufbruch gezwungen durch seine Erkrankung, sagt der Traum. Mit Krebs assoziiert Peter den Tod der Freundin, und nun hat er selbst auch mit dem Tod zu tun, er ist zwar nicht physisch krank, doch der Traum bedient sich des Symbols Krebs, das vor Kurzem für Abschied, Verlust und Trauer in Peters Leben stand.

Auffallend ist auch, dass der Träumer im Traum allein agiert. Ein Hinweis, dass er auf sich gestellt durch diese Krise hindurch muss. Es zeigt auch die Einsamkeit, die er spürt.

Er verlässt das Haus, geht durch eine Schneelandschaft, der Weg ist endlos. Es gibt weder Gegenstände noch Farben, außer dem neutralen Weiß des Schnees. Weiß hat nach Peters Assoziation etwas von Unberührtheit, unschuldig, keine Orientierung, alles ist undifferenziert. Er bricht sozusagen ins Nichts auf und weiß nicht, wann und wo es endet. Mit Schnee ist für ihn Kälte sowie eine große Stille verbunden. Mit den Assoziationen zu Weiß und Schnee zeigt sich sehr gut, dass hier noch keine Perspektive in Sicht ist.

Hinzugefügt sei noch, dass Weiß in manchen Kulturen auch die Farbe des Todes symbolisiert.

Das war die Ausgangslage. Nun beginnt der nächste Traumteil:

Nach etwa zehn Minuten erkennt Peter eine Vertiefung, er schiebt den Schnee beiseite, findet einen Deckel in der Straße und hebt ihn hoch.

Wenden wir uns zunächst der Zahl zehn zu. Was bedeutet sie für Peter? Vorerst fällt ihm nichts dazu ein. Als ich ihn frage, was vor zehn Jahren in seinem Leben passierte, sagt er spontan, dass er zu diesem Zeitpunkt auch eine Insolvenz erlebt hatte, allerdings nicht von der jetzigen Tragweite. Durch unglaubliche Anstrengung habe er damals schnell wieder Fuß gefasst. Er glaube allerdings nicht, heute noch einmal so einen Einsatz bringen zu können.

Im (Rider-Waite-)Tarot wird die Zahl 10 der Karte »Rad des Schicksals« zugeordnet, sie hat etwas mit den Höhen und Tiefen des Lebens und unserer Lebensaufgabe zu tun. Erscheint diese Karte, fordert sie dazu auf, sein Schicksal bzw. die anstehende Aufgabe jetzt in Angriff zu nehmen, die Quersumme 1 (»Der Magier«) signalisiert, dass man die Kraft und die Möglichkeiten dazu hat. Die Hinzunahme der Tarotkarte bei der Deutung kann man als Amplifikation bezeichnen.

Im Traum wird Peter erstmals richtig aktiv. Oben ist nichts mehr, nun schaut er nach unten, sprich ins Unbewusste, nach innen. Die Ak-

tion endet allerdings damit, dass er in ein tiefes, schwarzes Loch blickt. Übertragen heißt das, die Handlung endet zunächst in der Finsternis, im Nichts. Das, was er unternimmt, bringt keinen Erfolg. Schwarz wird bei uns auch mit dem Tod assoziiert.

Hier haben wir ganz deutliche Kontraste: Weiß und schwarz. Hell und dunkel. Außen und innen. Oben und unten. Oben ist nichts und unten ist auch nichts. Diese Polarität unterstreicht die Hoffnungslosigkeit, die sich in Peter breitgemacht hat – oben ist wie unten. Überall ist nichts. Es kann aber auch ein Hinweis sein, dass er im Moment alles nur schwarz-weiß sehen kann, d. h. zu einseitig.

Interessanterweise stellt sich durch Peters Assoziationen heraus, dass er bisher ein Fan dieses Schwarz-Weiß-Kontrasts war: Er kleidete sich gerne in Schwarz und Weiß und seine gesamte Wohnungseinrichtung war in diesen beiden Farben gehalten. Es hatte ihm immer Spaß gemacht, andere Farben in Form von Kissen oder Blumen hinzuzufügen.

Das heißt, dass der Traum eine Gewohnheit, ein Muster erkennen lässt, das Peter in sich trägt und als sehr positiv empfindet. Im realen Leben entstand das gute Gefühl durch die Verbindung der beiden Farben und die Ergänzung durch andere. Im Traum jedoch gelang ihm das zunächst noch nicht. Hier wurde erst einmal der Kontrast deutlich, das Schwarz und das Weiß waren getrennt. Andere Farben gab es (noch) nicht.

Doch dann – als sich seine Augen etwas an die Dunkelheit gewöhnt hatten – entdeckt er mitten in der Finsternis grüne Pflanzen mit roten Knospen. Nun erfolgt eine Wende im Traum, der 3. Teil beginnt.

Hier wird deutlich, dass Peter der ausweglosen Situation standhält, er schaut lange ins Nichts. Er verharrt dort. Und genau da entdeckt er Leben. Zu Schwarz und Weiß gesellt sich nun Grün und Rot (Komplementärfarben). Grün steht u. a. für Hoffnung, Wachstum und Leben. Und Rot ist die Farbe des Blutes (Saft des Lebens), des Feuers, der Lebenskraft und Energie. Mit Tulpen assoziierte Peter Frühling und Neubeginn. Dieser Fund löste in Peter große Verwunderung aus. Wie konnte in der Dunkelheit etwas wachsen? Übertragen heißt das: »Kann es möglich sein, dass in meiner verzweifelten Situation ein Hoffnungs-schimmer zu sehen ist?«

Dass dem so ist, zeigt der weitere Verlauf des Traumes. Peter kann nun auch die sich bereits abzeichnenden Blumen unter dem Schnee er-kennen, und deren Durchbruch nach oben (ins Bewusstsein) verfolgen. Die Seele hat hier ein wunderbares Motiv gewählt: das Bild vom Pro-zess des Stirb und Werde, dem natürlichen Kreislauf des Lebens; ein Wissen, das wir alle in uns tragen, aber in Krisenzeiten leicht vergessen können. Während oben Winter herrscht, beginnt das Leben bereits un-ter der Erde zu keimen. Es dauert nur etwas, bis es sichtbar wird.

Die Botschaft des Traumes an Peter lautete: Du glaubst, dass alles zu Ende ist, aber in jedem Ende liegt ein Anfang – und der ist bereits gemacht.

Verstehen Sie nun, warum Peters Aufwachgefühl so positiv war?

Unter diesen äußerst schwierigen Lebensumständen sind Selbst-mordgedanken nur verständlich. In dieser Situation gab der Traum und damit das Unbewusste jedoch ganz eindeutig die Auskunft, dass diese Seele sich noch nicht verabschieden wird, auch wenn der Träu-mer bewusst daran dachte. Die Botschaft des Traumes schenkte Peter neue Zuversicht.

Peter wurde wenige Jahre nach diesem Zusammenbruch wieder sehr erfolgreich. Allerdings bedeuten ihm heute Luxus und Besitz nichts mehr. Er zeigt vielmehr Verwunderung über seine damalige Haltung. Im Moment wendet er sich psychologischen und spirituellen Dingen zu. Hier kam es zu einer Transformation, ausgelöst durch krisenhaftes Geschehen. Sie geschah also nicht über den physischen Tod, sondern fand auf psychischem Gebiet und durch eine andere Einstellung zur materiellen Welt statt. Peter bezeichnet sich heute als glücklichen und zufriedenen Menschen.

Teil II

Verschiedene Traumarten

Träume können in verschiedene Gruppen eingeteilt werden: Wir kennen Angst- oder Albträume, Todesträume, Tierträume, luzide Träume (wenn man im Traum weiß, dass man träumt und in das Traumgeschehen eingreifen kann), sexuelle Träume, Flugträume, archetypische Träume, vorausweisende Träume, um einige der wichtigsten zu nennen.

Für dieses Buch habe ich die Traumgruppen näher beleuchtet, aus denen mir am häufigsten berichtet wurde.

ANGST- UND ALBTRÄUME

Zu den eindrücklichsten Traumarten gehören Angst- und Albträume. Hierzu zählen auch Todes-, Katastrophen-, Fall- und Verfolgungsträume. In diesen Träumen werden wir gejagt, gefoltert, jemand will uns umbringen, wir sterben auch manchmal im Traum, wir steuern auf eine Katastrophe zu, können nichts kontrollieren, fühlen uns machtlos den schlimmsten Gefahren ausgesetzt, stürzen mit dem Flugzeug ab, haben einen Autounfall, werden von einem oder mehreren Tieren bedroht, von Schneelawinen begraben, ertrinken im Meer und dergleichen vieles mehr. Es gibt unzählige Varianten, die uns so ängstigen und bedrohen, dass wir meist mitten im Traum hochschrecken, ohne zu Ende zu träumen. Sehr häufig gehen körperliche Reaktionen wie Schwitzen und Herzrasen damit einher. Kaum jemand kann diesen nächtlichen Erlebnissen etwas Positives abgewinnen. Und doch gehören sie zum unerlässlichen Ausdruck unserer Psyche. Wenn wir sie entschlüsseln und dadurch verstehen, können wir bestimmte belastende Situationen bearbeiten oder verändern, dann verschwindet diese Art von Träumen meist von selbst. Eine Beschäftigung mit den Themen der Angst- und Albträume lohnt sich, denn sie bringen oft verdrängte Themen ans Licht.

Man kann durch folgende Fragen an sich oder andere Klarheit gewinnen: »Wovor habe ich gerade solche Angst? Kenne ich diese Angst aus anderen Situationen? Ist das eine wiederkehrende Angst? Was verfolgt mich im täglichen Leben? Wo fühle ich mich bedroht, ohnmächtig, ausgeliefert?«

Oft ist es angebracht, diese Träume jemandem zu erzählen, um dann gemeinsam zu versuchen, sie aufzudecken. Die Tatsache, dass man dabei nicht alleine ist, kann schon einen gewissen Schrecken nehmen und ermutigen, sich mit dem Traum auseinanderzusetzen. Solange das Thema dahinter nicht bearbeitet ist, neigt diese Art von Träumen, sich zu wiederholen.

Das Traumbeispiel eines 35-jährigen Mannes:

Ich habe seit Jahren immer denselben Traum: Jemand verfolgt mich, ich laufe immer schneller und schneller, mein Verfolger auch. Bevor er mich töten kann, wache ich in Panik auf. Oft habe ich schon gar keine Lust mehr, einzuschlafen. In Stresszeiten kommt der Traum fast jede Nacht.

Angeregt durch den Traum arbeiteten wir gemeinsam heraus, was dem Träumer so viel Angst machte. Er war beruflich sehr angespannt, arbeitete immer noch etwas mehr und länger, statt sich zwischendurch Ruhephasen zu gönnen. Ich riet dem Träumer, sich in den Traum hineinzuversetzen und das Geschehen nachzuverfolgen, bis zu der Stelle, an der er normalerweise erwachte. Genau da sollte er stehenbleiben und sich umdrehen. Als er das tat, bemerkte er zu seinem Entsetzen, dass er sich selbst gegenüberstand. Er erkannte dadurch, dass nur er allein sich diesen Druck machte. Sein Ehrgeiz und sein hohes Perfektionsideal brachten ihn dazu, sich so viel abzuverlangen, bis er nicht mehr konnte. Das war der Moment, als er hochschreckte.

Nach dieser Erkenntnis gelang es dem Träumer schrittweise, von dieser hohen Anforderung, die er an sich stellte, Abstand zu nehmen. Der Traum kehrte nicht wieder.

Hier wird ganz klar: Wer seine Angst konfrontiert und erkennt, worum es geht, kann sein Verhalten ändern. Dies gilt jedoch nicht bei schweren psychischen Störungen. Wenn Angst- und Albträume häufiger auftreten und eine große Intensität zeigen, die sogar zu Schlafstörungen führt, können sie auf ein posttraumatisches Belastungssyndrom oder eine psychische Erkrankung hinweisen. Dann sollte man nicht zögern und einen Therapeuten aufsuchen.

Wenn sie gelegentlich auftreten, sind Angst- und Albträume normal, ja sogar eine Chance, um bestimmten negativen Entwicklungen, die wir im Wachbewusstsein nicht wahrnehmen, durch eine bewusste Auseinandersetzung mit dem Geträumten entgegenzuwirken.

Kinder haben in einer bestimmten Entwicklungsphase häufig Angst- und Albträume. Sie gehören dazu, sollten aber im Auge behalten werden. Klingen sie nicht mit der Zeit ab, ist auch hier therapeutischer Rat gefragt.

Es gibt Medikamente, die Angst- und Albträume hervorrufen können. Wer also plötzlich heftige Träume dieser Art hat, sollte auf der Suche nach den Ursachen auch diesen Faktor berücksichtigen.

Techniken zur nachträglichen Bearbeitung eines Angst- oder Albtraums

Aus Albträumen schreckt man meist hoch. Man ist unendlich erleichtert, wieder im Hier und Jetzt zu sein. Solche Träume können einen im Wachzustand über Tage oder länger beschäftigen, vor allem, wenn sie gehäuft auftreten.

Hilfreich ist folgende Methode: Sie suchen sich eine ruhige Stunde, entspannen, gehen dann nochmals in den Traum hinein, lassen ihn von Anfang bis Ende vor dem inneren Auge ablaufen – und da, wo der Traum abbrach, gehen Sie nicht aus der Situation heraus, sondern bleiben und stellen sich vor, wie der Traum weitergeht. Lassen Sie alle Bilder zu, die kommen. Sie werden erstaunt sein, welche Lösungen es gibt.

Eine andere Möglichkeit wäre, wieder in den Traum hineinzugehen und an der Aufwachstelle in der Situation zu bleiben und sich bewusst mit der angstauslösenden Situation oder Person zu konfrontieren – wie das im zuvor beschriebenen Beispiel des Geschäftsmannes gemacht wurde.

Sollten Sie seelisch nicht gefestigt sein oder Angst haben, sich erneut in die Situation zu begeben, können Sie auch eine Person ihres Vertrauens dazu holen.

> **Achtung:** Dieser Ratschlag gilt nicht für sehr labile Menschen oder für Personen mit psychischen Erkrankungen. Sie gehören in die Hände eines Arztes oder Therapeuten.

Hier ein Beispiel einer 45-jährigen Klientin, die einen Albtraum hatte, aus dem sie vorzeitig erwachte und der sie sehr beschäftigte.

Ich bin alleine in meinem Elternhaus, bin wieder 5 Jahre alt, die Haustüre ist unverschlossen. Ein großer Mann schleicht ums Haus. Als ich die

Türe zusperren will, gelingt mir das nicht und der Mann steht plötzlich vor mir. Ich wache vor Angst auf.

Im Beratungsgespräch nahm sie den Traum wieder auf und spann den Faden in der Phantasie weiter. Da sah sie, dass der Mann zwar vor ihr stand, aber sie nicht anschaute, sondern einen Bogen machte und an ihr vorbeiging. Er stapfte durchs Haus, zerstörte die Fenster und den Boden auf seinem Weg, bevor er zu einer anderen Tür wieder hinausmarschierte. Die Erkenntnis, die die Klientin dabei hatte, war, dass es gar nicht um sie ging. Sie blieb unversehrt. Sie war nicht gemeint. Sie war nun sehr erleichtert, denn hinter dem Traum steckte (hier in aller Kürze gesagt) ihre Kindheitsgeschichte, u. a. die Trennung der Eltern, an der sie sich schuldig fühlte – und nun erkannte, dass das gar nichts mit ihr zu tun hatte.

Bewährt hat sich auch die Methode, im Wachbewusstsein in den Traum hineinzugehen, und ab einem bestimmten Punkt die Regie zu übernehmen und ein gutes Ende zu visualisieren. Aktiv werden und das schreckliche Geschehen im Traum nachträglich in gute Bahnen zu leiten, kann dem Albtraum ein positives Gefühl entgegensetzen.

Manche Träumer haben auch über das Malen Zugang zu ihren Geschichten. Zeichnen Sie Ihren Traum, was fällt Ihnen dabei ein und auf? Welche Gedanken kommen? Diese Methode hilft vor allem auch Kindern, ihre Albträume zu verarbeiten. Bezugspersonen sollten sie unbedingt dabei begleiten.

Durch die Methode der Imagination ist man Angst- und Albträumen nicht einfach hilflos ausgeliefert. Man kann sie als Motor sehen, etwas zu verändern im Leben, sodass ihre Schreckensenergie in eigene Stärke und Kraft umgewandelt wird.

Im Traumteil werden Sie einige Beispiele hierzu finden sowie Möglichkeiten, konstruktiv damit umzugehen. Beispiele sind »Eine schwarze Frau in meiner Wohnung« auf Seite 147 oder auch »Ich sehe Gespenster …« auf Seite 99.

TODESTRÄUME

Das Thema Tod taucht sehr häufig in den Träumen auf. In diesen Todesträumen gibt es drei hauptsächliche Motive: Entweder träumen wir von unserem eigenen Tod, dem Tod uns nahestehender Menschen (auch Tiere) oder wir begegnen im Traum Verstorbenen. Kein Wunder, dass uns das Angst macht. Nicht selten erwachen wir dann in Panik und fürchten um unser Leben oder um das unserer Lieben. Wenn uns Tote im Traum begegnen, suchen wir häufig nach dem Sinn: Will uns der Verstorbene etwas mitteilen? Todesträume verfolgen uns im Wachbewusstsein und ängstigen und beunruhigen uns nachhaltig. Doch das ist meist unbegründet. Nur in den allerseltensten Fällen träumt man ein Todesgeschehen im Voraus und wenn doch, dann ist es meist so verschlüsselt, dass wir es nicht erkennen.

ARCHETYPISCHE SYMBOLE
AUS MYTHEN UND MÄRCHEN
IN TODESTRÄUMEN

Der Tod erscheint personifiziert

Er kann in verschiedenen Gestalten geträumt werden, als Mann, als Frau oder als androgynes (geschlechtsloses) Wesen. Hierbei bedient sich das Unbewusste häufig alter archetypischer Bilder vom Tod als schwarzer Gestalt oder als Fährmann, der von einem (irdischen) Ufer zum anderen (jenseitigen) übersetzt. In den letzten Jahren wird auch weiblichen Todesgöttinnen wieder mehr Beachtung geschenkt, sodass auch »Tödinnen« auftauchen und als solche anerkannt werden. Die griechische Unterweltsgöttin Persephone, die ägyptische Nut oder die Walküren aus der germanischen Mythologie zählen dazu – um nur einige Beispiele zu nennen. Hermes, der geflügelte Götterbote, der mit einem Stab die Menschen berührt, die sterben müssen, kann als Jüngling erscheinen und einen Tod ankündigen. Aber auch der Todesengel ist ein bekanntes Phänomen im Traum.

Der Erzengel Michael, der als Drachenbezwinger bekannt ist, ist zugleich auch ein Todesengel, da er als Begleiter der Seele gilt, wenn sie beim Tod des Menschen aus dem Körper fährt. Die Geschwister Hypnos (Schlaf) und Thanatos (Tod) haben ebenfalls diese Funktion. Es handelt sich um zwei Figuren aus der altgriechischen Mythologie, die häufig auf Vasen oder Bildern geflügelt dargestellt werden, wenn es um einen Todesfall geht. Der Schlaf wird als kleiner Bruder des Todes bezeichnet, und im Zusammenspiel der beiden spiegelt sich die Angst des Menschen, im Schlaf vom Tod überrascht zu werden. Es gibt ein sehr schönes Gedicht von Jean Paul vom Engel der ersten und vom Engel der letzten Stunde: Der eine begleitet uns auf dem Weg in die Welt hinein (Geburt), der andere führt uns aus ihr heraus (Tod). Hier wird deutlich, dass es eine tiefe Gewissheit in uns Menschen gibt, die sich in Mythen und alten Überlieferungen ausdrückt, beim Sterben nicht alleine zu sein. Und das zeigt sich auch in den Traumsymbolen: Man wird abgeholt und begleitet. Wer immer es auch sein mag – Engel, Götter, bereits verstorbene geliebte Menschen – all diese Gestalten haben die Funktion, den Menschen vom Diesseits ins Jenseits zu begleiten – oder, wenn seine Zeit noch nicht gekommen ist – von einem alten Lebensabschnitt in einen neuen.

Der Tod erscheint im Zusammenhang mit einem Tier

Der Höllenhund Zerberus, der den Unterweltfluss Styx bewacht, Eulen, Raben, aber auch (geflügelte) Pferde können auf einen Tod hinweisen. Die Künstlerin Nikki de Saint Phalle hat in ihrem italienischen Tarotgarten die 22 Großen Arkana als riesige Figuren dargestellt. Die 13., Der Tod, wird hier von einem weiblichen Tod auf einem Pferd symbolisiert. Auch im Rider-Waite-Tarot reitet der Tod auf einem Pferd.

Weitere Todessymbole

Das Antreten einer Reise (durchaus auch mit archaischen Fahrzeugen wie Schiff, Kutsche, Floß …) mit unbekanntem Ziel, ein Umzug, das Wandern über einen Berg, das Übersetzen über einen Fluss, der Aufbruch in ein fernes Land …

Einen sehr eindringlichen Beispieltraum hierzu finden Sie auf Seite 140 unter »Geheimnisvolles Floß am dunklen Fluss …«

Gewaltige Naturereignisse wie z. B. Erdbeben, Lawinen, Planeten, die aus ihrer Bahn fallen, Überflutungen, schwarzes, schmutziges, aufgewühltes Wasser, umgestürzte oder verbrannte Bäume (hier ist der Zusammenhang zum Lebensbaum zu sehen), Lichterscheinungen.

> **Achtung:** An dieser Stelle möchte ich ausdrücklich darauf hinweisen, dass all diese Symbole im Traum auftauchen können – und dies auch häufig tun –, ohne auf einen nahen Tod hinzuweisen. Träume, die den Tod zum Thema haben, bewahrheiten sich nur in seltensten Fällen. Was für alle Träume gilt, ist in besonderem Maße für Todesträume wichtig: Sie müssen immer im Gesamtzusammenhang der Lebenssituation des Träumers und seinem ganz persönlichen Verständnis von Symbolen gedeutet werden.

Die Bildersprache des Traums bedient sich der Symbole des Todes mit verschiedenen Absichten.

Die Funktionen von Todesträumen

Begleiter in Lebenskrisen

Aus Religion und Esoterik wissen wir, dass der Tod nicht das Ende schlechthin bedeutet, sondern Wandlung und Transformation eines Zustands in eine andere Daseinsform. Und so weisen uns Träume vom Tod oft darauf hin, dass es an der Zeit ist, eine Situation zu beenden, mit einer Sache abzuschließen, um Platz zu machen für Neues. Sie spiegeln oder kündigen eine Zeit der notwendigen Weiterentwicklung und der Transformation an, die im Leben wichtig ist, um weiterzukommen und zu reifen.

Hier ein Beispiel für eine Wandlung auf der seelischen Ebene, die der äußeren voranging: Eine 29-jährige Klientin befand sich vor einer Lebenswende, die sie ängstigte. Ein Umzug und ein beruflicher Neuanfang standen an. Zu der Zeit träumte sie Folgendes:

Ich sehe vor mir das Meer. Der Weg zum Meer ist mit groben Steinen gepflastert, der Himmel ist bleischwer. Ich weiß, dass mein Leben gerade zu Ende ist. Ich kann nur gerettet werden, wenn ich ins Meer laufe und dort ertrinke. Danach werde ich neu geboren. Ohne lange nachzudenken, aber mit Todesangst, laufe ich den steinigen Weg so schnell es geht in Richtung Wasser, stürze mich ins Meer, erlebe meinen Tod – und steige neugeboren aus dem Wasser hervor.

Hier gibt es viele Motive, angefangen vom Sterben, Loslassen, Vertrauen in die kosmischen Gesetze, Wiedergeburt – und das Motiv der Taufe (Reinigung, Auferstehung). Das Wasser bringt den Tod und schenkt zugleich das Leben. Der Traum war immens wichtig, ein vorweggenommener Schritt, der sie bestärkte, die Wende im realen Leben zu vollziehen.

Lebenskrisen verlangen oft eine notwendig gewordene Veränderung. Man weiß, man kann nicht mehr auf das Alte zurückgreifen, das Neue ist aber noch nicht in Sicht. Nicht selten wird das Ende eines Zustands im Traum durch das Symbol Tod ausgedrückt. Im vorliegenden Traum war das Neue, das nach dem Tod kommt, schon angezeigt. Das machte der Träumerin Mut.

Begleiter in Trauerphasen

Träume begleiten uns während der Trauerzeit nach dem Verlust eines nahestehenden Menschen oder Tieres. Immer wieder erscheint der Verstorbene im Traum, und wir nehmen auch dadurch Abschied – so lange, bis unser Unbewusstes verstanden hat, dass der geliebte Mensch nicht mehr da ist. Häufig haben wir Schuldgefühle bzw. Unerledigtes im Zusammenhang mit einem Tod, vielleicht hätten wir gerne Abschied genommen. Das aber ist vor allem durch einen plötzlichen Tod nicht mehr möglich. Dann wirkt das in unserer Seele nach, und die Träume sind ein Versuch, das zu bearbeiten. Sehr eindrucksvoll zeigt sich das im Traum »Immer wieder ›Besuch‹ von meinem toten Vater« auf Seite 145.

Diese nächtliche Aufarbeitung kann manchmal sehr quälend sein, man sollte nicht zögern, vorübergehend therapeutische Hilfe in Anspruch zu nehmen. Gerade bei Todesfällen mit Kindern kann das wichtig werden. Diese Träume zeigen uns den Stand unserer Verarbeitung und helfen uns, den Tod allmählich zu akzeptieren.

Dabei geschieht es nicht selten, dass der Verstorbene eine Botschaft für uns hat, etwa nicht mehr traurig zu sein, es gehe ihm gut. Das ist dann sehr hilfreich für unsere Trauerarbeit und heilsam für unsere Seele und bringt uns einen Schritt voran.

Der folgende Traum spiegelt sehr eindrücklich den seelischen Zustand einer Klientin nach einer Fehlgeburt:

Ich sehe eine Straße, die durch einen Wald führt. Dort ist eine Bärin, die ratlos vor lauter umgestürzten Bäumen steht. Ich spüre tiefe Hoffnungslosigkeit.

In diesem symbolträchtigen Bild sind Verlust und Verzweiflung, die die Klientin (symbolisiert durch die Bärin) erlebte, zu erkennen. Die umherliegenden Bäume zeigen die abgeschnittene Lebenskraft, die Zerstörung und letztendlich den Tod. Die Klientin empfand heftiges Mitleid mit der Bärin; dadurch kamen allmählich ihre vom Schock abgeschnittenen Gefühle zurück. Es gelang ihr, durch einen langen Prozess der Trauer zu gehen und diese Bärin schließlich zu ihrem Krafttier zu machen.

Tatsächlicher Vorbote eines Todes

Hier muss man, wie gesagt, sehr vorsichtig sein. Hat man einen Kranken oder auch alten Menschen in seinem persönlichen Umfeld, ist ein Traum, der den Tod des Menschen ankündigt, normal. Hier drückt die Seele einfach die Angst vor dem Verlust aus. Steht jemand vor einer Operation und träumt vom Tod, dann verhält es sich ebenso.

Doch es gibt auch Beispiele, in denen Träume einen realen Tod ankündigen. Dies geschieht bei Schwerstkranken ebenso wie bei Gesunden. Ein Tod kann sich Tage, Wochen oder Jahre vorher im Traum zeigen, tut dies aber verschlüsselt. Für die Seele ist eine Zeitspanne eine Sekunde, sie hat nichts mit unserem Zeitmaß auf der Erde zu tun, das wir Menschen festgelegt haben.

Auffallend bei Todesträumen ist die Stimmung. Sie ist im Gegensatz zum herkömmlichen Albtraum oft überhaupt nicht erschreckend. Sie kann still, getragen, erhaben und heilig anmuten. Oft bricht man freudig zu einer Reise auf, heiter und gelassen. Hier zeigt sich, dass unser Ich-Bewusstsein am Leben festhält, nicht jedoch unsere Seele, die weiß, wann die Zeit gekommen ist, zu gehen. Manchmal gibt es ein starkes Gefühl von Endgültigkeit und Trauer sowie von einem tiefen Wissen um die Zyklen der Natur. Diese Träume behält man in Erinnerung. Die Bilder sind so eindrücklich.

Erzählt ein Kranker solche Träume, kann man daran anknüpfen und vorsichtig und einfühlsam mit ihm anhand der Symbolik der Bilder über den Tod sprechen – wenn er dies wünscht.

Erlebt man selbst diese Träume und gehen sie einher mit der inneren Gewissheit, dass man sterben wird, dann kann man sie zu einer vorbereitenden Auseinandersetzung mit dem Tod nutzen – wie immer diese persönlich aussehen mag. Ich bin allerdings davon überzeugt, dass man diese Träume nur dann als Todesträume deuten kann, wenn man auch in der Lage ist mit der Situation umzugehen. Im Rahmen meiner Magisterarbeit über den Tod und eines zweiwöchigen Workshops bei der Sterbeforscherin Dr. Elisabeth Kübler-Ross, aber auch durch Klienten habe ich die Erfahrung gemacht, dass Menschen, die den nahen Tod akzeptiert hatten, viel offener mit dem Thema umgehen konnten. Ihre Träume übten eher eine beruhigende Wirkung auf sie aus, auch, weil sie dort häufig auf geliebte Menschen trafen, die Ihnen bereits vorangegangen waren. Nicht selten verhalf ihnen ein Traum auch zu der Annahme des bevorstehenden Todes. Tatsächlich scheint die Akzeptanz neue spirituelle Dimensionen zu öffnen, die sich auch durch Träume zeigen kann. In dieser letzten Phase des Daseins erweisen sich Träume oft als sehr hilfreich für einen gelungenen Prozess des Loslassens. Ich glaube nicht an ein grausames Schicksal, das uns mit Träumen vom eigenen Tod heimsucht, sodass wir die verbleibende Zeit in Angst und Schrecken verbringen.

Varianten

Eine Version von Todesträumen sind Ahnungen, die wahr werden. Man träumt z. B., dass das Flugzeug, das man am nächsten Tag besteigen will, abstürzt. Auch dies kann lediglich die Flugangst ausdrücken. Ist der Traum aber ein echter Warnhinweis, dann ist er so eindrücklich, dass der Träumer das Flugzeug nicht nehmen wird. Man hat dann ein tiefes Wissen um die Situation.

Nach dem Verlust eines Menschen träumt man häufig, selbst auch zu sterben. Dies ist ein Ausdruck, dass ein Teil von einem mitgestorben ist, und man eine Weile braucht, um wieder zu sich zu finden. Es kann auch der bewusste oder unbewusste Wunsch dahinterstecken, dem

Menschen zu folgen, weil sein Verlust so schwer zu bewältigen ist. Das bedeutet aber nicht, dass man selbst auch sterben wird.

Zum Schluss noch ein beeindruckendes Traumbeispiel einer Vorahnung. Eine Klientin, die sehr engen Kontakt zu ihrer Großmutter hatte, träumte wenige Wochen vor dem relativ schnellen Tod ihrer Oma das Folgende:

Ich sitze in einer Kutsche mit ganz vielen Menschen, viele kenne ich gar nicht, einige sind mit mir verwandt, andere befreundet. Wir fahren durch eine Landschaft, es ist Sommer. Die Sonne scheint. Ich fühle mich sehr gut. Plötzlich kommt von links ein schwarzer herrenloser Einspänner. Unsere Kutsche hält an und meine Großmutter steigt aus und setzt sich in den Einspänner, der sogleich losfährt. Sie schaut noch einmal auf mich zurück und auf ihrem Gesicht erkenne ich ganz kurz das Gesicht meiner verstorbenen Urgroßmutter. Was mich verwundert ist, dass das Pferd die Richtung kennt, ohne dass meine Großmutter lenken muss oder einen Stock braucht. Unsere Kutsche fährt auch weiter.

Hier sieht man das Reisemotiv in Form zweier Kutschen: Eine ist die Lebenskutsche mit dem Motiv der Sonne (Vitalität, Leben) und des Sommers, in dem sich im übertragenen Sinne auch die junge Frau befand. Der Tod der Großmutter fiel auch in diese Jahreszeit. Die andere Kutsche ist der schwarze Einspänner mit Pferd. Die Farbe Schwarz steht für Tod und Trauer. Das Wort Einspänner macht deutlich, dass es sich um eine Reise handelt, die alleine angetreten wird. Niemand muss lenken, das Pferd kennt den Weg. Auf dem Gesicht der Oma zeigt sich kurz das Gesicht der bereits verstorbenen Urgroßmutter, ein Hinweis auf den Tod, aber auch auf die kosmischen Gesetze. Einer folgt auf den anderen. Wichtig war auch, dass der Traum ganz klar die Botschaft vermittelte, dass die Zeit der Träumerin noch nicht gekommen war, sie konnte ihre Fahrt durchs Leben fortsetzen.

Todesträume sind ein Geschenk, da sie uns bei der Auseinandersetzung mit dem Tod helfen und begleiten. Sie fordern uns zudem auf, notwendige Wandlungsschritte in unserem Leben zu vollziehen. Wir brauchen keine Angst vor ihnen zu haben.

TIERTRÄUME

Tiere spielen eine große Rolle in unserem Leben. Wir begegnen ihnen im Haus- oder Nutztier, in der Natur, aber auch in der Malerei, in der Literatur, in Fabeln, Märchen, Gedichten, in der Bibel, auf Tarotkarten, in der Astrologie (Tierkreis) – und natürlich im Traum. Wenn Tiere auftauchen, ist unsere triebhafte, instinkthafte, animalische Seite angesprochen. Tiere können uns darauf aufmerksam machen, dass wir diese Seiten verdrängen und zu wenig ausleben oder sie zu stark thematisieren und damit immer wieder in Schwierigkeiten geraten.

Wenn sich ein Tier im Traum meldet, können Sie Rückschlüsse auf Ihr eigenes momentanes Empfinden und Verhalten ziehen. Werden Sie gebissen, möchte die durch das Tier repräsentierte Seite von Ihnen wahrgenommen, ja angenommen werden. Vielleicht brauchen Sie für Ihr Leben gerade jetzt die Kraft, die Stärke oder die Aggression, die dieses Tier symbolisiert.

Im Traum erscheinen manchmal verstorbene Haustiere, mit denen uns Erlebnisse verbinden. Vielleicht wiederholt sich gerade so ein Ereignis in Ihrem Leben. Wenn eine Sehnsucht nach Qualitäten und Eigenschaften des nicht mehr anwesenden Tiers durch den Traum spürbar wird, sollten wir hinterfragen, ob es nicht an der Zeit wäre, sich wieder ein Tier zuzulegen. Der Traum kann auch Tiere bringen, die in Märchen und Mythen eine besondere Rolle spielen. Der gestiefelte Kater, Reineke Fuchs, Drachen oder Begleittiere von Göttinnen und Göttern. Hier gilt es ebenfalls zu hinterfragen, was diese Tiere mit uns und unserer momentanen Situation zu tun haben.

Wenn Sie von einem Tier träumen, sollten Sie zunächst überlegen, was Sie mit diesem Tier persönlich verbinden. Woher kennen Sie das Tier? Haben Sie in Ihrem Leben positive oder negative Erfahrungen mit dem Tier gemacht? Was assoziieren Sie mit dem Traum-Tier? Welche Gefühle gab es im Traum im Zusammenhang mit dem Tier? Angst, Freude, Neugierde …? Wie verhielt sich das Tier: helfend, ängstlich, aggressiv, wurden Sie gebissen? War ein wildes Tier ängstlich oder ein kleines, hilfloses Tier aggressiv? Das fiele in die Kategorie abweichendes Verhalten. Und schließlich ist es von Bedeutung, welche Eigenschaften dem Tier allgemein zugeschrieben werden und welche Rolle es in unserer Kulturgeschichte und in der Religion spielt. Wenn Sie diese Informationen gesammelt haben, können Sie mit der Deutung beginnen.

Ein Alarmzeichen stellt der Tod oder die Verletzung eines Tieres im Traum dar, das im Wachbewusstsein für Kraft, Vitalität und Energie steht. Dann ist unter Umständen etwas mit diesem kraftvollen Anteil in uns nicht in Ordnung. Dieser Spur sollte man unbedingt nachgehen, um wieder ins seelische und körperliche Gleichgewicht zu kommen.

Ein Beispieltraum einer 47-jährigen Klientin:

Ich bin mit meinem Pferd unterwegs, wir rasen in einem unglaublichen Tempo über die Felder. Plötzlich bleibt mein Pferd in einem Sumpf stecken. Ich werde abgeworfen. Bin ich verletzt? Was macht mein Pferd? Ich bin vor Schreck ganz starr, scheine aber bis auf ein paar Kratzer und Prellungen unversehrt. Ich sehe, wie mein Pferd sich mühsam aus dem Sumpf befreit und dann weiterschleicht. Zu Fuß gehe ich neben meinem Pferd weiter. Wir sind auf einmal sehr langsam. Es hätte schlimmer enden können.

Der Traum spiegelte die momentane Situation der Frau wieder: Nach jahrelanger intensiver Arbeit und damit einhergehendem Raubbau an ihrer Gesundheit erlitt sie einen physischen Zusammenbruch. In dieser Phase kam der Traum. Im realen Leben hat sie weder ein Pferd, noch reitet sie.

Der Traum zeigte ihr, dass sie im Leben viel zu schnell unterwegs gewesen war. Sie konnte nicht mehr anhalten, weder genießen noch erkennen, was um sie herum geschah. Plötzlich wurde sie gestoppt. Sie fühlte sich von einem Moment auf den anderen ausgebremst durch ihren Körper. Sie musste vorübergehend auf ihre Pferdestärke (ihre Assoziation) verzichten, aber durch den Traum erkannte sie, dass »es hätte schlimmer enden können«. Jetzt ging es darum, eine Weile etwas

kürzerzutreten, zu Fuß (also nicht mehr so schnell) weiterzumachen. Die Klientin wollte nun die Zeit zur körperlichen und seelischen Erholung nutzen und versuchen, ihre Haltung zu ändern.

Eine besondere Form der Tierträume stellen Schlangenträume dar, deren Deutungsspektrum äußerst vielfältig ist. Lesen Sie hierzu auch den Schlangentraum »Im Traum erschien mir eine Kobra ...« auf Seite 79. Sie sind häufig von Ängsten begleitet. Nicht nur das Gift der Schlange kann tödlich sein, die Schlange ist in der Mythologie auch mit dem Bösen verbunden. Die Bibel erzählt von der Schlange, die Eva verführte, den Apfel vom Baum der Erkenntnis zu pflücken. Deshalb wird sie mit dem Teufel gleichgesetzt. Schlangen stehen außerdem im Zusammenhang mit Sexualität und Lebenskraft, aber auch mit Transformation und dem Übergang von einer Lebensphase in die nächste. Beide werden durch die Häutung der Schlange symbolisiert. Die Schlange im Traum kann auf körperliche Störungen aufmerksam machen und sie kann für Heilung stehen. So windet sie sich z. B. um den Äskulapstab (Äskulap war der griechisch-römische Gott der Heilkunde), das Wahrzeichen der Ärzte und Apotheker.

Hier als Beispiel ein Schlangentraum einer 55-jährigen Frau, die zum Zeitpunkt des Traums unter der Trennung von ihrem Partner litt, der sie wegen einer anderen Frau verlassen hatte. Sie spürte kaum Auftrieb, musste sich zu allem zwingen und hatte Sorge, nie mehr zu ihrer Kraft zurückzufinden:

Ich gehe auf einer langen einsamen Straße und bemerke plötzlich eine schwarze Schlange, die mir in geringem Abstand folgt. Ich traue meinen Augen kaum. Große Angst überkommt mich. Ich beschleunige meine Schritte, aber da wird die Schlange auch schneller, ich verlangsame mein Tempo und bleibe stehen, die Schlange macht dasselbe. Ich gehe weiter – die Schlange ebenso. Im Laufe des Gehens wechselt sie immer wieder mal die Farbe. Ich finde das sehr unheimlich. Einmal komme ich an einen Fluss, ich durchschwimme ihn. Als ich am anderen Ufer ankomme, ist auch die Schlange da. Sie war mitgeschwommen, ohne dass ich sie be-

merkt hätte. So wandern wir beide immer weiter – knapp hintereinander her. Sie war meine stumme Begleiterin. Nach langer Zeit beschließe ich, stehen zu bleiben, mich umzudrehen und die Schlange anzusehen. Ich will endlich wissen, warum sie mir folgt. Wir schauen uns intensiv in die Augen, da wechselt ihre Farbe in ein buntes Schillern, ich fühle eine unglaubliche Kraft in mir und in dem Moment wache ich auf.

Mit ihrer Traum-Schlange assoziierte die Träumerin Macht, Kraft, Stärke, Magnetismus, aber auch etwas Unheimliches und Angst erregendes. Die Farbe Schwarz setzte sie in Verbindung mit Trauer und gleichzeitig Kraft.

Die Traumbesprechung ergab Folgendes: Nachdem diese Frau verlassen worden war, fiel sie in eine Art Starre, sie konnte sich an nichts mehr freuen, durchlebte eine Depression. Die Schlange war der lebendige Teil dieser Frau, sie spiegelte ihre inneren Prozesse (Farbenwechsel, wobei es hierzu keine spezifischen Farben gab), durch die sie während der Trauerarbeit ging. Das Tier stellte auch eine große Kraftquelle und Fähigkeiten dar, die die Frau aber nicht mehr erkennen, geschweige denn nutzen konnte, weil sie zu sehr mit dem Verlust beschäftigt war. Erst nachdem sie intensiv getrauert hatte (langer einsamer Weg) und durch den Fluss (ihre Gefühle und der Reinigungsprozess) geschwommen war, konnte die Klientin ihre Aufmerksamkeit wieder auf etwas anderes richten: Sie drehte sich um und sah der Schlange in die Augen. Sie kam also in Kontakt mit dem, was die Schlange für sie symbolisierte – ihre Kraft, die immer da war (stumme Begleiterin), aber wegen des Verlusts nicht gelebt werden konnte. Dieser Traum zeigte der Klientin, dass die Trauerphase nun dem Ende zuging und sie in ihre Kraft zurückfinden würde. Es dauerte nicht lange, da hörte die Depression auf. Das Leben wurde wieder farbig, was ja auch die Verwandlung der schwarzen in die bunt schillernde Schlange andeutet.

Ein interessanter Aspekt ist hier, dass die Kraft (Schlange) sie nie wirklich verlassen hatte – sie war immer bei ihr. Das Sich-Umdrehen symbolisiert eine Rückschau, eine Erinnerung an das, was vorhanden war. Sie musste nur wieder Kontakt dazu aufnehmen.

Tiere sind uns also auch durch Träume wertvolle Begleiter und Helfer. Das ist vor allem dann der Fall, wenn immer wieder dasselbe Tier auftaucht – hier ist ein genaueres Hinschauen und eine vertiefte Auseinandersetzung mit dem Tier und seiner Bedeutung unerlässlich. Es kann sein, dass ein Tier den Träumer wochenlang begleitet – und auf einmal wieder verschwindet. Viele Jahre später taucht es unvermutet wieder auf, und es ist gut möglich, dass man sich dann in einer ähnlichen Lebenssituation wie damals befindet. Deshalb ist auch die Frage, die man sich oder dem Träumer stellen sollte, ob einem das Tier schon öfter des Nachts begegnet ist, wichtig.

Wenn man das Gefühl hat, bei der Deutung nicht weiterzukommen, kann es sehr hilfreich sein, in ruhiger Atmosphäre in eine imaginäre Zwiesprache mit dem Traumtier zu gehen. Je nach Traum können sich Fragen ergeben wie:»Was willst Du mir mitteilen? Kann ich etwas für Dich tun? Brauchst Du etwas von mir …?« Lassen Sie sich überraschen von dem Ergebnis – ich habe Klienten erlebt, die im Traum von einem Tier angegriffen wurden und panische Angst hatten. In der mutigen Auseinandersetzung mit dem»Angreifer« stellte sich heraus, dass der Aggression eine tiefe Angst im Tier zugrunde lag. Das ergab wiederum wichtige Rückschlüsse auf das Verhalten des Träumers im realen Leben. Nicht selten wird ein Tier, das sich uns im Traum zeigt, zu unserem ganz persönlichen Krafttier.

Heilkraft der Träume

Im Grunde hat fast jeder Traum eine heilende Wirkung, da der Vorgang des Träumens an sich schon Verarbeitung des alltäglichen Geschehens bedeutet und damit für unsere seelische Gesundheit sorgt. Träume wirken kompensierend oder ausgleichend. Wenn es sich nicht gerade um einen Albtraum handelt, kann ein Traum Mut machen, wenn man verzweifelt ist, oder aufzeigen, wo es etwas zu verändern gilt, damit es dem Träumer wieder gut geht. Diese Botschaften finden sich manchmal mitten im Traum, häufiger jedoch gegen Ende eines Traums.

Diese Heilkraft, die in Träumen enthalten ist, kann personifiziert auftreten: der oder die Alte Weise, der innere Heiler, ein Schamane, ein Arzt, eine Hexe, eine Kräuterfrau, ein Tier usw. Auch Engel können sich in Träumen zeigen und in Form von Botschaften oder spiritueller Führung und Begleitung auf etwas aufmerksam machen, was wir brauchen, um ins Gleichgewicht zu kommen. Da gibt es viele Möglichkeiten, die auch abhängig von der Bilderwelt des Träumers sind.

Nicht selten erscheinen diese Figuren im Traum während Krisenzeiten und geben Hoffnung. Manchmal bekommen wir auch Unterstützung in Form eines geträumten Heilmittels. Mit dem Aufwachgefühl geht dann meist eine große Gewissheit einher, dieses oder jenes sofort in Angriff nehmen zu müssen, damit es einem besser geht. Oft reicht aber schon ein Hinweis, dass eine Krise gut ausgehen wird.

Hier ein Beispieltraum eines jungen Mannes, der an einer langwierigen Lungenentzündung litt. Kein Medikament wollte so richtig anschlagen:

Ich muss durch einen Tunnel. Ich sehe noch kein Licht am Ende auftauchen, den Weg erkenne ich durch das Licht, das hinter mir ist. Ich bin müde, schwach, matt. Ein eisiger Wind bläst mir entgegen. Ich bekomme nur schwer Luft. Ich muss kämpfen, um überhaupt auf den Beinen zu bleiben, komme nur im Zeitlupentempo voran. Plötzlich wirft mich

ein Windstoß zu Boden. Zu schwach, um aufzustehen, bleibe ich liegen. Da höre ich eine klare Stimme:»Steh auf, du darfst nicht liegen bleiben, sonst bist du verloren. Steh auf und du wirst das Ende des Tunnels erreichen.« Ich kämpfe mich hoch. Die Stimme gibt mir Kraft. Ich schaffe es, kann sogar weitergehen. Auf einmal sehe ich Licht in der Ferne, es ist aber noch eine Weile bis zum Ende der Strecke. Und da stürze ich wieder entkräftet zu Boden. Und wieder ertönt diese wunderschöne Stimme:»Steh auf, du schaffst es.« Und wieder gelingt es mir hochzukommen und plötzlich ist die Strecke überwunden. Ich trete ins Licht, es ist Winter, Schnee liegt überall, aber die Sonne wärmt mich. Ich habe es geschafft.

Ob das die Stimme eines Engels war oder ob der innere Heiler gesprochen hatte, vermochte der Klient nicht zu sagen. Zum Zeitpunkt des Traums ging es dem Mann sehr schlecht, er hatte noch zwei Rückfälle! Aber sein seelisches Gleichgewicht blieb zum Erstaunen der Ärzte erhalten. Er wusste einfach, dass er es schaffen würde. Der Traum war ein Geschenk in der schwierigen Situation.

Sollte Ihnen eine Botschaft, die Ihnen im Traum übermittelt wird, nicht klar sein, können Sie sich im Wachbewusstsein erneut in den Traum hineinbegeben und den darin vorkommenden Personen, Wesen oder Tieren Fragen stellen:

»Was willst Du von mir …? Was bedeutet dies und jenes …? Was willst Du mir sagen? Was soll ich tun …?«

Sehr häufig entsteht eine große Klarheit.

Heilsam können auch Rituale im Zusammenhang mit Träumen sein: Rituale sind nötig für Übergänge von einer Lebenssituation in eine andere. Wenn Sie sich an einem solchen Übergang befinden, kann das in Träumen sichtbar werden. Verabschieden Sie die bisherige Situation mit einer persönlichen Geste, die Ihnen entspricht. Erst wenn wir etwas wirklich losgelassen haben, können wir uns auf das Neue konzentrieren. Einen besonders kraftvollen Heiltraum finden Sie unter »Frauenpower in einer Umbruchssituation« auf Seite 78.

Manchmal sind wir selbst auch als Heiler gefragt – das kann ebenfalls aus den Träumen ersichtlich werden.

Wenn ein Verstorbener im Traum erscheint und Sie das Gefühl haben, er finde keine Ruhe, dann helfen Sie ihm mit einer Heiligen Messe oder mit einer persönlichen Geste, den Abschied zu vollziehen: Übergeben Sie z. B. einen Gegenstand des Verstorbenen dem Wasser oder verbrennen Sie etwas, das Sie beide symbolisch verbunden hat. Wenn Sie sich nicht verabschieden konnten oder Unausgesprochenes zwischen Ihnen liegt: Holen Sie das nach, indem Sie z. B. einen Brief schreiben, in dem alles steht, was Sie noch gerne gesagt hätten. Lesen Sie den Brief am Grab oder vor dem Bild des Menschen vor und verbrennen Sie danach das Geschriebene.

Finden Sie Ihre ganz eigene Methode, Ihr eigenes Ritual.

SCHÖPFERISCHE
TRAUMKRAFT

Im Zusammenhang mit der Literatur über Träume ist mir aufgefallen, wie häufig das Wort KRAFT verwendet wird: Heilkraft, Traumkraft, Die Kraft der Träume, der Traum als Kraftquelle, die schöpferische Kraft im Traum ...

Träume sind kraftvolle Gebilde. Sie können unsere Aufwachstimmung negativ und positiv beeinflussen, selbst wenn wir uns nicht daran erinnern. Manchmal fallen sie uns ganz unvermittelt tagsüber ein und machen uns nachdenklich. Häufig hört man: »Der Traum beschäftigt mich.« Nicht selten haben wir erst dann Ruhe, wenn wir uns dem Traum gewidmet haben.

Ihre besondere Kraft wird spürbar, wenn uns im Traum die Lösung eines Problems, das uns lange beschäftigt hat, übermittelt wird. Auch Wissenschaftler erleben nicht selten, wie ihnen das Ergebnis jahrelanger Forschung im Traum präsentiert wird: Kekulé z. B. kam durch ein Traumbild auf die Formel des Benzolrings.

Wenn es uns gelingt, Zugang zu unseren Träumen zu finden, indem wir ihnen Aufmerksamkeit schenken, uns mit ihnen anfreunden, auf Spurensuche gehen, sie geduldig verstehen lernen, dann entdecken wir diese Kraft, die sie enthalten – sie stellen sie uns jede Nacht zur Verfügung. Es liegt an uns, das Angebot anzunehmen. Ich wünsche Ihnen daher ein gutes Erinnerungsvermögen an Ihre nächtlichen Geschichten.

TEIL III

TRAUMBEISPIELE

Träume als Praktische Lebenshilfe

Der zweite Teil dieses Buches besteht aus Traumbeispielen der unterschiedlichsten Art:

Angst- und Alpträume, Todesträume, Tierträume, Warnträume, Träume, die während Übergangszeiten stattfanden, archetypische Träume … und Mischträume. Häufig überschneiden sich Themen im Traum, sodass wir sie z. B. gleichzeitig als Tier- und Todestraum oder Angst- und Warntraum erleben können. Die Möglichkeiten sind vielfältig.

Auffallend ist, dass in der vorliegenden Sammlung von Leserträumen euphorische Träume, Glücksträume oder sexuelle Träume fast vollständig fehlen. Und diese gibt es ja auch. Daraus wird ersichtlich, dass wir viel eher dazu neigen, uns mit schwierigen Träumen auseinanderzusetzen, weil sie uns Angst machen und häufig auch quälen. Nicht zuletzt deshalb, weil wir sie oft nicht vollständig verstehen.

Ich möchte jedoch alle Leser dazu anregen, sich auch mit den positiven Träumen zu befassen, da sie Mut machen und unterstützend wirken – lange über den geträumten Zeitpunkt hinweg.

Deutet man eigene Träume, wird man schnell den persönlichen Code erkennen. So könnte sich z. B. zeigen, dass man in Stresszeiten vermehrt von Naturgewalten träumt, oder dass das Auto eine Rolle spielt, wenn die Unabhängigkeit in Gefahr ist. Über die archetypischen Bilder hinaus, die alle Menschen betreffen, hat jeder Mensch eine ganz eigene, für ihn typische Symbolik, die im Traum auftaucht. Diese herauszufinden, ist hilfreich für das Verständnis.

Aus all den Träumen und ihren Deutungen wird sichtbar, wie sehr Träume praktische Lebenshilfe darstellen. Ungefragt erhalten Sie Hinweise über Ihre momentane seelische Befindlichkeit und über Themen, die in Ihrem Leben gerade anstehen. Durch die oft hektische Außenwelt mit der Fülle ihrer Angebote werden wir leicht abgelenkt und kommen gar nicht dazu, auch einmal auf unsere innere Stimme zu horchen – zu der auch die Träume gehören.

Fast täglich treffen wir Entscheidungen. Sie betreffen meist unser ganz normales Alltagsleben – aber manchmal sind sie auch bestimmend für unseren weiteren Lebensweg. Häufig stellt sich dann die Frage: Entscheiden wir uns zu unserem Vor- oder Nachteil? Träume sind hier wertvolle Wegweiser – sie spiegeln jedem Einzelnen, wozu er ganz persönlich in der Lage ist, was in seiner Natur liegt und was nicht. Sie warnen uns vor unguten Entwicklungen. Träume zeigen uns auch, ob wir auf dem richtigen Weg sind und ob der Zeitpunkt passt. Geradezu ein Paradebeispiel hierzu liefert der Traum auf Seite 150: »Meine Schuhe werden immer schwerer …«.

Träume stellen eine innere Parallelwelt dar, die uns begleitet und eine unerschöpfliche Quelle an Weisheiten darstellt, auf die wir zurückgreifen können – solange es uns gibt.

Im ersten Teil des Buches haben Sie ganz viel über Träume und Traumdeutung gelernt, Sie haben auch einen Leitfaden zur Traumdeutung an die Hand bekommen, den Sie mit Hilfe des zweiten Teils nun anwenden und üben können. Versuchen Sie – wenn Sie Lust dazu haben –, sich einzelne Träume herauszupicken und sie zu deuten ohne vorher die Antwort gelesen zu haben. Fangen Sie dabei mit den kurzen Träumen an. Sie werden sehen, wie schnell Sie durch Übung zum Traumdeuter werden. Ich wünsche Ihnen viel Erfolg und eine reiche Traumernte.

Ich springe von einem Wolkenkratzer – das Unmögliche möglich machen!

Bericht der Träumerin

Ich bin weit weg von zu Hause in der Metropole New York in der Nähe eines Wolkenkratzers. Ganz oben auf dem Wolkenkratzer ist eine Art riesiges, geschwungenes »Sprungbrett« angebracht, das weit über das Gebäude hinausragt. Ich sehe von unten auf dem »Sprungbrett« viele Leute, die natürlich ganz klein erscheinen. Ich gehe entschlossen zu dem Wolkenkratzer und fahre mit dem Aufzug ganz nach oben. Ich weiß, ich bin in Begleitung, doch ich kann die Person nicht erkennen. Sie ist sozusagen gesichtslos. Oben angekommen, schaue ich hinab über die Stadt. Und dann springe ich einfach, als wenn das völlig normal, ganz selbst-

Sprungbrett Wolkenkratzer

verständlich sei. Da ist keine Angst, da sind keine anderen, negativen Gefühle. Die Phase des Fallens bemerke ich nicht. Plötzlich bin ich unten angekommen, stehe mit beiden Beinen auf dem Boden, unversehrt. Um mich herum sind viele Leute, die ebenfalls gesprungen sind, und die ich offensichtlich kenne. Wir gehen zusammen weiter und sprechen angeregt über unser Erlebnis. Ich fühle mich sehr gut und bin fröhlich, etwas aufgekratzt. Ich drehe mich um und werfe einen letzten Blick zurück auf den Wolkenkratzer mit dem »Sprungbrett«. Dann ist der Traum zu Ende. Irgendwie hat er ein gutes Gefühl bei mir hinterlassen. Ich würde mich freuen, wenn Sie mir da weiterhelfen könnten.

Traumberatung

Die Geschichte spielt in New York, also nicht in gewohnter Umgebung. Was bedeutet die Stadt für Sie? Freiheit? Unbegrenzte Möglichkeiten? Im Namen der Stadt steckt auch das Wort »Neu«. Der Traum spricht übrigens eine ganz klare, schöne Bildersprache: Wolkenkratzer, Sprungbrett, mit beiden Beinen auf dem Boden. Übertragen bedeutet das, dass Sie neues Terrain mit vielen Möglichkeiten betreten (New York), dann den sicheren Boden verlassen, sich allein hoch hinauf begeben, dort eine Chance nutzen (Sprungbrett) und anschließend (mit beiden Beinen auf den Boden) zurückkehren und dort in einer Gemeinschaft gut aufgehoben sind. Zunächst werden Sie von einer gesichtslosen Person begleitet, das ist meist die Schattenseite, das Unbewusste in uns selbst. Vielleicht war Ihnen nicht ganz klar, was Sie hier tun. Sie beginnen alleine, wagen etwas, es gelingt und Sie sind im Kontakt mit anderen. Die Frage ist nun: Kennen Sie eine Situation, auf die das Traumgeschehen übertragbar wäre? Haben Sie ein Projekt vor sich, bei dem Sie etwas wagen müssen? Wenn ja, sagt der Traum, dass es gelingen wird.

Ein grünes Monster verfolgt mich
seit meiner Kindheit

Bericht der Träumerin

Ich habe schon seit meiner Kindheit mit einem Traum zu kämpfen, der mich immer wieder schweißgebadet aufschrecken lässt. Dieser Traum besucht mich nachts häufig, vor allem, wenn ich unter Stresseinfluss stehe oder mich mit meiner Kindheit auseinandersetze.

Ich sitze als Kind (ca. 8 Jahre alt) auf der Toilette, und ganz plötzlich geht die Toilettentür zu. Es wird eisig kalt. Auf einmal sehe ich ein großes grünes Monster vor dem Milchglasfenster. Es kommt immer näher auf mich zu. Ich versuche wegzulaufen, doch ich bin wie erstarrt. Ich versuche zu schreien, doch ich bekomme keinen Ton heraus. Das Monster kommt immer näher und ich bekomme immer mehr Angst, da ich mich nicht wehren kann. Und dann wache ich schweißgebadet auf.

Ich habe das Gefühl, ich hätte dies nicht nur geträumt. Es ist ein Gefühl in mir, als wäre das alles eben wirklich passiert. Ich hoffe, Sie können mir diesen Traum erklären. Er belastet mich wirklich sehr.

Traumberatung

Hier haben wir es mit einem klassischen Albtraum zu tun. Ein sehr häufiges Motiv ist das Erstarren, nicht handeln können und das Aufwachen vor dem Ende des Traumes. Die Tatsache, dass der Traum in bestimmten Situationen immer wiederkehrt, ist ein ernst zu nehmender Hinweis, dass eine Lösung angestrebt werden sollte. Auf der Toilette, ein Ort, der mit Intimität zu tun hat, an dem man normalerweise alleine ist und seine Ruhe hat, werden Sie von einem Monster aufgeschreckt und fühlen sich bedroht. Die Tatsache, dass Sie in dem Traum Kind sind, betont die Hilflosigkeit. Auf der realen Ebene heißt das, dass Sie in Stresssituationen erstarren und nicht aktiv werden können und sich hilflos ausgeliefert fühlen. Da Sie ein Alter träumen, stellt sich hier die Frage, ob Sie mit etwa acht Jahren einmal sehr erschreckt wurden, sich ausgeliefert fühlten und nicht handeln konnten. Forschen Sie doch einmal nach, ob es so ein Erlebnis gab, das sich nun im Traum, immer wenn es eng wird in Ihrem Leben, wiederholt. Wie wäre es, wenn Sie im Beisein eines vertrauten Menschen den Traum noch einmal erzählen und da, wo das Geschehen abbricht, sprich da, wo Sie aufgewacht sind, weitermachen? Fragen Sie das grüne Monster, was es von Ihnen will. Es kann gut sein, dass Ihnen die Antwort den ganzen Schrecken nimmt.

Frauenpower in einer Umbruchssituation

Bericht der Träumerin

Ich träume von verschiedenen Frauengestalten. Eine ist sehr burschikos, lustig und frech. Sie ist noch jung. Die andere trägt ein wunderschönes Kleid mit bunten Aufdrucken in Form von Früchten. Sie hat Blumen im Haar und lächelt wissend. Sie scheint so zwischen 25 und 30 Jahre zu sein. Dann sehe ich eine schlanke, intellektuelle Frau mit teurer Brille und sehr gut angezogen. Das Alter kann ich schwer schätzen. Nun fällt mein Blick auf eine Frau über 60, graue Haare und zahlreiche Fältchen, ziemlich korpulent. Und etwas weiter weg sitzt eine ganz alte Frau auf einem Stuhl. Plötzlich nehmen sich alle bei der Hand und bilden einen Kreis um mich und tanzen und singen, während sie mich anblicken. Sogar die Alte, die kaum gehen kann, kommt näher und schaut zu, sie singt mit. Ich frage mich, woher diese Frauen plötzlich kommen? Ist das Zufall?

Was bedeutet dieser Traum? Ich habe viele männliche Kollegen, mit Frauen habe ich weniger zu tun. Habe leider auch keine beste Freundin. Ich bin 48 Jahre und berufstätig. Meine Tochter ist gerade ausgezogen und lebt jetzt mit ihrem Freund zusammen. Ich bin alleinstehend, möchte aber gerne wieder jemand kennenlernen. Im Moment denke ich über eine Schönheits-OP nach, die leider sehr teuer ist, von der ich mir aber viel verspreche. Fühle mich zu dick.

Traumberatung

Sie befinden sich in einer Umbruchssituation. Ihre Tochter ist ausgezogen, nun bleibt mehr Zeit für Sie und Ihre Bedürfnisse. Sie wollen wieder eine Beziehung haben, fühlen sich aber nicht attraktiv genug für einen Mann. Der Traum spiegelt das facettenreiche Dasein als Frau, zeigt gleichsam die einzelnen Lebensstadien auf. Die junge Unkomplizierte, die Fruchtbare (sie trägt ein Kleid mit Früchte-Motiven), die Intellektuelle, eventuell im Beruf stehende, die ältere Frau und schließlich die Greisin. Sie alle werden lebendig durch Tanz und Gesang. Sehr schön ist auch das Motiv des Kreises. Es ist der Lebenskreis – und Sie stehen mitten darin. Die Frauen blicken Sie an, d. h. sie gehen in Kontakt zu Ihnen. Dieser Frauentraum fordert Sie auf, sich mit Ihrer Rolle als Frau auseinanderzusetzen. Einige Lebensbereiche haben Sie schon durchlaufen, andere liegen noch vor Ihnen. Wichtig ist, dass Sie sich akzeptieren, so wie Sie sind und auch da, wo Sie gerade stehen im Leben. Der Traum macht keinen Unterschied: Die Frauen sind dick, dünn, jung und alt – und im Miteinander sehr lebendig. Und Sie sind ein Teil davon – Sie sind in der Mitte, es geht also um Sie. Überdenken Sie die Schönheits-OP noch einmal. Ist sie wirklich nötig, damit Sie Ihr Glück finden? Oder geht es vielmehr darum mitzutanzen, der Freude des Daseins Ausdruck zu verleihen, authentisch zu sein und dadurch attraktiv zu werden?

Ich wünsche Ihnen viel Freude beim Tanzen und Singen mit diesen Frauen, die alle einen Teil von Ihnen darstellen und zusammen ein Ganzes bilden.

Im Traum erschien mir eine Kobra – ist sie ein Schutzsymbol?

Bericht der Träumerin

In meinem Traum (den ich in einer der Raunächte hatte) stand ich vor einem Haus und hatte das Gefühl, dass ich dort auch einziehen würde. Als ich mich im Garten umsah, entdeckte ich ein kleineres Tier und eine Schlange. Die Kobra bäumte sich auf und verschlang das Tier. Das allein hat mich nicht sonderlich beeindruckt. Dann sah ich eine Frau, die in meinem Garten war. Sie arbeitete, glaube ich, an einem Blumenbeet. Die Kobra kroch auf die Frau zu. Ich rief noch:»Achtung, Gefahr im Anmarsch« oder so etwas Ähnliches. Aber sie reagierte nicht, wurde von der Kobra gebissen und war sofort tot. Das saß, denn ich fing an, mir meine Gedanken zu machen. Da spürte ich die Anwesenheit eines Mannes. Ich konnte ihn zwar nicht sehen, erzählte ihm aber in Kurzform, was geschehen war und sagte:»Ich kann doch unmöglich in diesem Haus leben, nachdem was geschehen ist.« Er wiederum beruhigte mich und sagte: »Du kannst beruhigt hier schlafen und auch leben. Sie hat gefressen und sie hat gebissen. Dir droht keine Gefahr! Was bedeutet dieser Traum? War die Kobra zu meinem Schutz da?

Traumberatung

Sie hatten den Traum zu einem Jahreswechsel. Das ist ein bedeutsames Datum. Altes geht zu Ende und Neues, Unbekanntes erwartet uns. Meist ist auch eine Hoffnung mit dem neuen Jahr verbunden. In Ihrem Traum geht es auch um eine Art Neuanfang. Sie wollen in ein Haus ziehen, doch dieses Haus scheint mit einer Gefahr verbunden. Eine Kobra, d. h. eine Giftschlange, befindet sich im Garten (Sinnbild für das Lebendige, den Kreislauf der Natur) und tötet dort Lebewesen. Ein kleines Tier wird gefressen, das hält die Schlange am Leben (Nahrung). Aber dann beißt die Schlange eine Frau, die den Garten bearbeitet und tötet sie dadurch. Das ist ein aggressiver Akt. Ein Mann, der hier die Vernunft verkörpert, beruhigt Sie. Die Triebe der Schlange (fressen und beißen) sind befriedigt, sie ist nun nicht mehr gefährlich. Die Schlange ist hier der zentrale Punkt und Sie sollten ihr unbedingt Aufmerksamkeit schenken. Mir fällt hierzu das Thema »Stirb und Werde« ein. Die Schlange hat mit Transformation zu tun, sie kann sich häuten, sie streift die alte Haut ab und bekommt eine neue. Die Kobra wurde von Ihnen geträumt, und man sagt, dass Tiere, die im Traum erscheinen, auch in uns einen gewissen Anteil verkörpern. Diese Schlange könnte also ein mächtiger Seelenanteil in Ihnen darstellen, der zufrieden gestellt werden sollte, bevor Sie beruhigt schlafen und leben können. Wie könnte das im übertragenen Sinne auf Ihr Leben zutreffen?

Rufen Sie sich in einem ruhigen Moment den Traum noch einmal ins Gedächtnis. Gehen Sie in Kontakt mit der Schlange. Stellen Sie Fragen: Warum treibt sie in Ihrem Garten ihr Unwesen? Welche elementaren Bedürfnisse sollten Sie befriedigen? Was muss sterben, damit Sie beruhigt einen Neuanfang wagen können? Es kann gut sein, dass die Schlange die Antwort weiß. Und wenn Sie darauf achten, kann die Schlange tatsächlich zu Ihrem Schutz beitragen.

Geld gewonnen – und sofort wieder verloren

Bericht des Träumers

Ich war mit meiner Freundin in Las Vegas im Urlaub. An einem Abend gingen wir in ein Spielkasino und gewannen glatt 50.000 US-Dollar, die wir teilen wollten. Kurz nach der Gewinnauszahlung tippte mir ein Herr auf die Schulter, nahm mir das Geld weg und sagte:»Das gehört weiterhin mir und der Bank.« Dieser Herr war mein Exchef aus einer Zeit, als ich noch in einer Autovermietung arbeitete; ein Job, der mir damals mündlich gekündigt worden war, eine schriftliche Kündigung habe ich bis heute nie erhalten. Meine Freundin gibt es übrigens wirklich, wir waren allerdings noch nie in Las Vegas, auch noch nie in einem Spielkasino.

Traumberatung

Dieser Traum besteht aus zwei Teilen: Sie sind im Urlaub, also in einer nicht alltäglichen Situation, weg von Arbeit und Verpflichtungen. Ihr Traum-Ich hat sich Las Vegas ausgesucht, die Stadt des Glücksspiels, des Abenteuers, aber auch des unkomplizierten Heiratens. Sie sind dort mit Ihrer Freundin und machen einen hohen Geldgewinn. Hier geht es um Freiheit, Liebe und Glück.

Und dann kommt der zweite Teil: Sie werden ganz unsanft in die Realität zurückgeholt, Sie dürfen das Geld nicht behalten. Ein offenbar immer noch einflussreicher Mann und eine mächtige Institution, die Bank, verhindern das Glück, das Sie mit Ihrer Freundin teilen möchten. Hier lautet die Frage: Was steht in Ihrem realen Leben Ihrem Glück im Wege? Was gilt es zu lösen, bevor Sie frei handeln können? Forschen Sie einmal nach, ob es noch irgendwelche»Altlasten« gibt, die Sie aus dem Weg räumen müssen, bevor Sie sich ihrer positiven Zukunft zuwenden und das Leben gemeinsam mit ihrer Freundin aus vollen Zügen genießen können.

Seit 15 Jahren derselbe Traum – Familienidylle ohne Mann

Idylle ohne Mann

Bericht der Träumerin

Ich habe seit etwa 15 Jahren regelmäßig immer den gleichen Traum. Ich lebe in dem Dorf, in dem ich aufgewachsen bin, aber mit meinen Kindern, deren Partnern und den ganzen Freunden und Verwandten aus meiner *jetzigen* Umgebung und ich fühle mich dort sehr wohl und es geht mir gut. Nur mein Mann fehlt ganz in diesen Träumen. Was hat dies zu bedeuten?

Traumberatung

Träume haben oft kompensatorische Wirkung. Das heißt, sie gleichen etwas aus, was uns in der Realität fehlt. In Ihrem Fall scheint mir, dass Sie sich offenbar nach Geborgenheit und Entspannung sehnen, sie kehren im Traum an den Ort zurück, an dem Sie Kind sein durften, keine Verantwortung übernehmen mussten, einfach nur leben und glücklich sein konnten, und kreativerweise nimmt der Traum gleich alle Ihre Lieben mit. Außer Ihrem Mann. Und hier gilt es anzusetzen: Wie fühlen Sie sich in Ihrer Beziehung? Müssen Sie Verantwortung alleine tragen? Sind Sie in irgendeiner Form in Ihrer Ehe überfordert oder »unterernährt«? Wenn es Ihnen gelingt, Ihre Bedürfnisse in Ihrer momentanen Situation und dort, wo Sie jetzt leben, zu befriedigen, muss Sie der Traum nicht in eine heile Welt entführen.

Hexen wollten mir ein Buch überreichen – mit einer geheimnisvollen Botschaft?

Bericht der Träumerin

Es war Nacht und ich lief einen schmalen Weg entlang. Alles war sehr dunkel. Der Weg führte zu einer recht kleinen, bäuerlichen Scheune, aus der Licht schien. Da die Tür angelehnt war, ging ich hinein, wobei mir die Dunkelheit in Träumen generell etwas Angst macht. Ich sah zwei Frauen, die wie Hexen gekleidet waren. Sie unterhielten sich gerade. Als sie mich sahen, kamen sie freundlich auf mich zu. Die eine hielt ein schweres, großes, altes Buch im Arm und zeigte es mir. Der Titel war: »Das Buch der weißen Hexen«. Ich war sehr neugierig und wollte es gerade aufschlagen, als jemand von außen gegen die Scheune schlug und etwas rief. Die andere Hexe nahm mir das Buch ab und ich erwachte.

Traumberatung

Einen Weg in der Nacht, in der Dunkelheit gehen, heißt immer den unbewussten Weg gehen. Es ist ein schmaler Weg, den man da beschreitet. Aber er führt direkt zu Ihrer Weiblichkeit. Scheune und Hexen stehen für das Weibliche. Die Scheune ist ein Symbol für Schutz und Nahrung, aber auch der Platz, an dem sich Geister aufhalten. Die Hexen verkörpern die magische weibliche Seite, es ist diejenige, die über geheimes, uraltes Wissen verfügt. Weiße Hexen werden im Gegensatz zu schwarzen (schwarze Magie) als positiv gesehen. Dort ist auch Licht, da will etwas gesehen werden. Und tatsächlich bekommen Sie ein schweres, großes, altes Buch – die Adjektive betonen, wie wichtig der Inhalt für Sie ist – und gerade, als Sie neugierig darin lesen wollen, werden Sie von außen gestört. Hier ist auch das Innen und Außen wichtig, Sie gehen von außen nach innen. Sind Sie auf der Suche nach sich selber, nach Ihren weiblichen Seiten – und werden dabei immer wieder gestört? Gibt es da ein Ja-Nein-Prinzip in Ihrem Leben? Oder ein mutiges Vorwärtsgehen, dem dann ein Rückzug folgt? Ein Anfang scheint mir hier gemacht, doch eventuell ist Ihre Seele noch nicht ganz bereit, den letzten Schritt zu tun, um zu diesem Wissen zu gelangen. Lassen Sie sich Zeit. Es ist da und wartet auf Sie.

Mein Exfreund steht plötzlich neben mir

Bericht der Träumerin

Vor einigen Tagen hatte ich einen eigenartigen Traum: Es war ein herrlicher Wintertag. Es lagen so 30 bis 40 cm Schnee. Die Sonne schien. Plötzlich hörte ich die Stimme von meinem Expartner. Die Stimme war so nah, dass ich schon glaubte, er stünde direkt neben mir. Er sagte plötzlich »Hallo«. Ich wurde wach und erschrak. Ich glaubte, er stünde neben mir, was ja nicht sein kann, da er gar keinen Schlüssel mehr zu meiner Wohnung hat. Was hat das alles zu bedeuten? Besonders diese Stimme?

Traumberatung

Dass Ihr Exfreund sich so unvermittelt und eindringlich im Traum meldet, ist nicht unnormal. Sie genießen den schönen Wintertag, sind entspannt: Vielleicht haben Sie solche Tage auch mit Ihrem Partner erlebt und genossen – und da ist er plötzlich wieder! Trennung – auch wenn sie von Ihnen ausging, heißt ja immer auch erinnern, aufarbeiten, loslassen. Denn egal, wie schwierig oder auch schön die Beziehung einmal war, man muss sich erst wieder entwöhnen. Oder aber ihr Freund tritt auf, weil Sie wissen, dass es noch etwas zu klären gibt. Wollte er eine Aussprache, die Sie nicht zulassen konnten zum Zeitpunkt der Trennung? Über die Zahlen 30 bis 40 könnte man auch noch nachdenken. Zahlen haben ja immer eine Bedeutung. Waren diese Zahlen in Ihrer Beziehung ein Thema? Handelt es sich um besondere Daten? 3.4., die Zahl 34 – spielen Sie einfach etwas damit.

Vielleicht trägt auch das zur Klärung bei, warum er sich so direkt ins Gedächtnis bringt. Viel Erfolg wünsche ich Ihnen!

Kurzer Auftritt mit viel Applaus – ein Erfolgsrezept

Bericht der Träumerin

Es ist stockdunkel und mucksmäuschenstill. Vor mir ist eine Treppe; ich gehe hinauf, und auf einmal befinde ich mich auf einer Bühne. Es ist ein schönes Gefühl, ich habe aber auch etwas Lampenfieber. Ich mache einen Knicks und mit meinen Händen ein Victory-Zeichen. Ich bin überglücklich und verlasse, nachdem ich einen Riesenapplaus bekommen habe, die Bühne.

Traumberatung

Sie haben also einen großen Auftritt im Traum gehabt, sogar mit feierlichem Anlauf. Mit dem Knicks haben Sie eine etwas altmodische Form der Begrüßung gemacht, der Knicks ist auch eine Demutshaltung: So wie Männer früher einen Diener machten, d. h. sich verbeugten, so ging man als Frau etwas in die Knie. Und anschließend haben Sie allen das Victory-Zeichen vorgehalten. Das heißt, Sie haben zwei Gesten gemacht, ohne Worte und ohne andere Darbietung in irgendeiner Form. Und dafür bekamen Sie Applaus.

Jetzt wäre interessant zu wissen, wie sich das auf Ihre momentane Lebenssituation bezieht. Stehen Sie vor einer schwierigen Aufgabe und erhoffen sich einen guten Ausgang? Mit dieser sehr gesunden Kombination von Demut und Sieg, dies signalisiert der Traum, wird Ihnen alles gelingen.

Nicht mal im Traum habe ich meine Ruhe –
weder vor Lebenden noch vor Toten …

Bericht der Träumerin

Vor langer Zeit hatte ich einen Traum, der mich immer noch beschäftigt. Ich hatte mich zur Mittagsruhe hingelegt. Meine Schwester und ihr Mann (beide sind verstorben), deren Tochter mit Mann und deren Tochter besuchten mich in meinem Haus. Mein Mann lebte nicht mehr. Sie gingen in jedes Zimmer und öffneten die Schränke und lachten dabei. Es machte ihnen offensichtlich Spaß. Meine Nichte mit Mann und Tochter hielt sich etwas zurück. Als ich dem Treiben ein Ende bereiten wollte, konnte ich weder sprechen noch handeln. Ich ging zu Bett und während ich schlief, merkte ich, dass ich versuchte, mich zu wehren und gab unartikulierte Worte von mir. Ich fühlte mich dem Treiben hilflos ausgesetzt und brachte keinen Ton heraus. Im Traum bin ich dann in meine Küche gegangen und habe den Kopf auf die Tischplatte gelegt, weil ich so verzweifelt war. Allesamt verließen sie mein Haus. Ich erwachte und war sehr durcheinander, atmete schwer und brauchte eine geraume Zeit, um wieder in die Wirklichkeit zurückzufinden.

Ein anderer Traum, an das Geträumte kann ich mich kaum mehr erinnern, war folgendermaßen: Ich wachte nachts von meiner eigenen Stimme auf. Ich hatte laut »Nein« gerufen und war hochgeschreckt. Normalerweise behalte ich meine Träume, sobald ich die Füße aus dem Bett stelle, nicht.

Traumberatung

In diesem Traum geht es um die Wahrung Ihrer Grenzen. Sie wollen Ruhe, und werden dabei gestört, und zwar von ganz vielen Familienangehörigen, sogar von zweien, die bereits tot sind. Verzweifelt legen Sie den Kopf auf den Tisch, in Ihrer Küche, erst dann verschwinden alle Personen. Die Küche scheint wohl Ihr eigenes Reich zu sein, das bisher auch von anderen respektiert wurde. Kann es sein, dass Sie sich noch zu sehr mit Ihrem verstorbenen Mann und Ihrer ebenfalls toten Schwester befassen? Kümmern Sie sich zu sehr um die Familie? Werden Sie eventuell ausgenutzt? Wenn man keine Grenzen setzt, können andere sich ungehindert Zugang verschaffen. Warten Sie nicht, bis die Verzweiflung Sie packt und lähmt, sondern hauen Sie auf diesen Tisch! Setzen Sie Grenzen. Ihr Reich ist nicht nur die Küche, sondern das ganze Haus, jeder Bereich. Schreien Sie laut NEIN!, wie Sie das in Ihrem zweiten Traum gemacht haben. Dann können Sie Ihre Ruhe genießen!

Ich träume sehr häufig von Augen

»Augen-Blicke« lösen starke Gefühle aus

Bericht der Träumerin

Ich habe seit gut einem Jahr immer wieder Träume von Augen, die einfach immer unterschiedlich sind in Farbe, Form und Ausdruck. Was bedeutet das?

Traumberatung

Die erste Frage, die ich hier habe: Welches Erlebnis hatten Sie, kurz bevor die Augenträume begannen? Gibt es einen Auslöser? Bitte überlegen Sie, denn solche Träume fangen nicht plötzlich ohne Grund an. Wichtig ist auch, welches Gefühl Sie bei diesen Träumen begleitet. Fühlen Sie sich beobachtet oder sind Sie einfach neugierig? Haben Sie Angst oder machen Ihnen diese vielen »Augen-Blicke« Freude? Vielleicht nehmen Sie sich auch mal die Zeit und schauen genau hin, die Augen sind unterschiedlich in Farbe, Form und Ausdruck, was könnten Ihnen die Augen sagen? Spiegeln Sie ihre jeweilige Befindlichkeit wider? Immerhin ist das Auge nach C.G. Jung ein archetypisches Symbol für das Selbst. Augen an sich haben immer etwas mit Sehen, Erkennen und Wahrnehmen zu tun, entweder im Inneren oder im Äußeren. Für den Schriftsteller Antoine de Saint Exupéry (Der kleine Prinz) waren Augen »Fenster zur Seele«. Könnte es sich um eine Aufforderung handeln, mehr auf die eigenen und/oder die Gefühle anderer zu achten? Oder geht es um die Aufforderung, näher hinzuschauen? Besser wahrzunehmen? Das »Auge Gottes«, Symbol dafür, dass Gott alles sieht, ist ein Begriff. Hier könnte es darum gehen, dass Sie in Ihrem Leben zu wenig alleine sind, immer gesehen werden. Vielleicht ist auch mal ein bedrohliches Auge dabei. Es könnte sich um »den bösen Blick« handeln, etwas, das Angst macht.

Nun haben Sie ganz viele Möglichkeiten, blicken Sie nach innen und spüren Sie nach, was für Sie passen könnte – ich wünsche Ihnen dabei viel Erfolg!

Tierquälerei – ein Warntraum?

Bericht der Träumerin

Ich habe geträumt, dass ich mit meinem Exfreund (seit ca. 5 Jahren getrennt) wieder zusammen bin. Im Traum hat sich Folgendes abgespielt: Ich war gerade bei meinem Freund zu Hause, als einer seiner Freunde zu Besuch gekommen ist. Dieser hatte eine kleine Motorsäge mit. Die beiden haben dann die Motorsäge eingeschaltet und diese auf den Boden gestellt. Auf die Motorsäge haben sie dann eine Schüssel mit Katzenfutter gestellt. Ich habe das aus der Entfernung beobachtet. Es ist dann eine Katze gekommen. Diese ist sogleich zum Futternapf hin, um daraus zu fressen. Nur leider war die Schüssel von den beiden – bewusst – so aufgestellt, dass der Katze beim Näherkommen und dem Versuch, aus der Schüssel zu fressen, der Kopf abgeschnitten wurde. Die beiden haben sich darüber amüsiert. Ich habe zu schreien begonnen und meinem Freund gesagt, dass er die Säge sofort abstellen muss. Ich weiß leider nicht, wie es dann weitergegangen ist, da ich plötzlich von einer ganz anderen Situation geträumt habe, in der ich Auto gefahren bin. Jetzt möchte ich gerne wissen, welche Bedeutung dieser schreckliche Traum hat.

Traumberatung

Der Traum beginnt damit, dass Sie mit Ihrem Exfreund wieder zusammen sind. Könnte es sein, dass Sie in letzter Zeit ab und zu an diesen Freund gedacht haben bzw. sich diese Beziehung zurückgewünscht haben? Wenn ja, wäre das ein Warntraum. Sie erkennen in diesem Traum eine sadistische Ader an Ihrem Freund. Die beiden Männer können ein- und dieselbe Person sein, hier werden lediglich zwei Anteile gespiegelt; der Mann, in den Sie verliebt sind, und der andere, der gefährlich ist, da er ein Mordwerkzeug mitbringt. Beide zusammen stellen einer Katze, die klassisch für das Weibliche, aber auch für Autonomie steht, eine Falle. Tiere können den Träumer selbst repräsentieren. Die Katze hat Hunger – das ist ein existenzielles Bedürfnis – und muss diesen Hunger mit ihrem Leben bezahlen. Sie wird beim Fressen getötet. Der Traum stellt eine Warnung dar, sich nicht wieder einzulassen, so groß der Wunsch auch sein mag, denn dann könnten Sie Ihren Kopf (Ihren Verstand) und Ihre Freiheit, symbolisiert durch die Katze, verlieren. Sehr aufschlussreich finde ich den zweiten Teil des Traums: Sie fahren selbst Auto – das verweist auf Ihre momentane Unabhängigkeit. Diese würden Sie in einer erneuten Beziehung mit dem Exfreund unweigerlich einbüßen.

Es könnte aber auch sein, dass Sie sich gerade verliebt haben. Dann spiegelt der Traum die Angst, sich aufgrund schlechter Erfahrung in eine neue Beziehung einzulassen. Sie sollten immer gut darauf achten, Ihre Freiheit nicht ganz aufzugeben, sondern so autonom wie möglich zu bleiben, wenn Sie eine neue Partnerschaft eingehen.

Schwangerschaft im Traum – was bedeutet das?

Bericht der Träumerin

Ich hatte innerhalb einer Woche zwei Träume, die mich nun sehr beschäftigen. Eine kleine Vorgeschichte zu meinem zweiten Traum: Letztes Jahr verbrachte ich drei Wochen mit meiner Tochter in einer Kinderklinik. Die Zeit war zum einen sehr schwer und zum anderen fühlten wir uns dort gut aufgehoben, beschützt und entspannt.

Mein erster Traum: Mein Vater ruft mich an und sagt mir, dass meine Mama um 4.44 Uhr gestorben ist. Ich war total geschockt, konnte nichts mehr sagen und wurde wach!

Nun zu meinem zweiten Traum: Ich bin in der o.g. Klinik, aber alles sieht irgendwie anders aus. Mir geht es sehr gut, und ich bin auf dem Weg zum Autogenen Training. Ich betrete mit anderen Menschen den Raum, der ähnlich wie ein Innenhof ist. Die Sonne scheint sehr hell, entweder unter freiem Himmel oder unter einem Glasdach. Der Raum ist sehr groß und die Liegen sind in der Mitte des Raumes auf einem lang gezogenen Grashügel aufgestellt. Es kommt einem so vor, als ob der Raum weiträumig um diesen Grashügel gebaut wurde. Wir legen uns hin, mir geht es einfach nur gut und ich bin sehr entspannt. Plötzlich spüre ich, dass ich so ca. im 5. Monat schwanger bin. Ich bewundere meinen nackten Bauch und sehe und spüre, wie sich das Baby darin bewegt. Es ist unbeschreiblich schön! Leider wurde ich dann wach. Nun meine Frage, haben die Träume etwas miteinander zu tun und was wollen sie mir sagen? Oder kündigt der zweite Traum sogar eine Schwangerschaft an?

Traumberatung

In beiden Träumen spielt das Bild der Mutter eine Rolle. Im ersten Traum stirbt Ihre Mutter und im zweiten Traum werden Sie selber Mutter. Das hat nun nicht so sehr mit einer realen Situation zu tun, sondern entspricht eher einer Transformation. Den Mutterstatus, den bisher Ihre Mutter innehatte, bekommen Sie jetzt auch. Im zweiten Traum fühlen Sie sich beschützt und gut, in dieser Situation kann Neues entstehen, wachsen und gedeihen. Ob das nun ein Kind ist oder eine kreative Seite an Ihnen, die Sie bisher noch nicht wahrgenommen haben, ist offen. Das Motiv des »Ausbrütens« kommt hier gleich zweimal vor: der Grashügel und der nackte Bauch. Was da letztendlich am Wachsen ist, kann man nicht sagen, sicher ist nur, dass es positiv sein wird. Wichtig ist – das sagt der Traum –, dass die Umgebung stimmt, dann kann das Neue kommen.

Mein Freund hat eine Frau zu viel

Bericht der Träumerin

Ich bin seit fast drei Jahren in einer Beziehung mit einem verheirateten Mann. Letztens hatte ich einen sehr merkwürdigen Traum, der mich einfach nicht mehr loslässt: Irgendwie kam es dazu, dass wir alle zusammen, das heißt, mein Freund, seine Frau, seine beiden Kinder und ich, gemeinsam essen waren. Wir trafen uns zu einem Gespräch, ich kann aber nicht sagen, worum es ging. Seine Kinder legten sich mächtig ins Zeug und schlugen sich dabei klar auf meine Seite. Sie verteidigten mich die ganze Zeit gegen ihre Mutter, vor allem die Tochter. Irgendwann im Laufe des Gesprächs stand die Frau dann auf und meinte, sie hätte hier wohl nichts mehr verloren. Als ich die Frau anschaute, bemerkte ich, dass sie an einem Kinderwagen stand und hochschwanger war. Ich erwachte just in dem Moment, als sie das Restaurant verlassen wollte.

Ich erzählte auch meinem Freund von diesem Traum. Er meinte, das sei schon ein wenig verrückt, doch könne er mir versichern, dass seine Frau sicherlich nicht von ihm erneut schwanger geworden sei. Irgendwie lässt mich der Traum aber nicht mehr los, ich muss die ganze Zeit daran denken.

Traumberatung

Ihr Traum spiegelt die Verunsicherung einer Frau, die mit einem verheirateten Mann zusammen ist. Selbst dann, wenn alles zwischen Ihnen geklärt ist, so bleibt er doch vor dem Gesetz der Mann einer anderen Frau. Schon die gemeinsamen Kinder verbinden beide und machen gelegentlichen Kontakt nötig. In Ihrem Traum sehe ich den großen Wunsch, dass diese Frau keine Rolle mehr in Ihrem Beziehungsleben spielen soll. In Ihrem nächtlichen Szenario ergreifen die Kinder Partei für »SIE«. Noch dazu die Tochter, die ja oft besonders stark mit der Mutter identifiziert ist. Das geht so weit, dass die Mutter der Kinder »aufgibt«. Doch als Sie sich am Ziel Ihrer Wünsche glauben, sehen Sie, dass die Frau schwanger ist – durch dieses Kind bleibt die Verbindung zu Ihrem Freund bestehen. Sie haben keine Chance.

Ihr Unbewusstes sagt Ihnen mit diesem Traum, wie mächtig Sie diese Frau noch im Leben Ihres Freundes empfinden. Auffallend finde ich, dass Ihr Freund sich nicht im Traum äußert. Ist das in der Realität auch so? Nehmen Sie den Traum zum Anlass, mit Ihrem Freund ins Gespräch zu gehen und Klarheit zu schaffen, wenn nötig, durch den Vorschlag, sich durch eine Scheidung zu Ihnen zu bekennen. So werden Sie sehen, wie er reagiert – und können dann Konsequenzen ziehen.

Prüfungsangst – was sagt der Traum?

Bericht der Träumerin

Ich bin auf der Suche nach einem Regenbogen, denn es regnet und gleichzeitig scheint die Sonne. Ich laufe hin und her, schaue überall und finde keinen am Himmel, obwohl doch einer zu sehen sein müsste bei diesen Wetterverhältnissen. Danach setze ich mich ans Steuer und fahre los, die Fahrt ist gefährlich und voller Hindernisse, eigentlich will ich stoppen, aber es geht nicht. Ich fahre geradewegs in Richtung Hölle. Als ich vor der Hölle ankomme, muss ich warten, denn es gibt nur einen einzigen Weg hinein und heraus. Es kommen viele Autos heraus. Ich muss warten, bis ich an die Reihe komme. Ich habe große Angst, hineinzufahren, noch dazu, weil es tief hinuntergeht. Komme ich je wieder zurück?

Meine momentane Situation, die alles beherrscht: Ich befinde mich vor einer entscheidenden Prüfung und habe große Angst, sie nicht zu bestehen. Kann der Traum etwas damit zu tun haben?

Traumberatung

Eine wichtige Prüfung stellt immer eine psychische Ausnahmesituation dar. Oft spürt man Druck und Stress, und das spiegelt sich dann auch in den Träumen – sodass, wie in Ihrem Fall »Himmel und Hölle« in Bewegung sind. Der Regenbogen ist ein häufiges Symbol aus der Mythologie, er ist immer positiv besetzt. U.a. verbindet er den Himmel mit der Erde; in der Bibel gilt er als Friedenszeichen zwischen Menschen und Gott nach der Sintflut; und am Ende des Regenbogens soll ein Topf mit Gold stehen. Vielleicht suchen Sie auch ein Zeichen am Himmel, wie Ihre Prüfung ausgehen wird? Trotz guter Voraussetzungen offenbart sich Ihnen nichts. Noch ist die Prüfung ja auch noch nicht abgelegt. Doch der Traum verspricht Positives: Sie nehmen das Steuer selbst in die Hand (Auto), sind aktiv. Der Weg (zur Prüfung) ist beschwerlich, verlangt viel von Ihnen, vielleicht mussten Sie auch Rückschläge in Kauf nehmen, aber Sie sind wohl schon so weit, dass Sie nicht mehr umkehren können. Die Prüfung selbst liegt aber noch vor Ihnen: Sie müssen buchstäblich den Weg durch die Hölle gehen, das heißt, sich Ihren Ängsten stellen. Der Traum zeigt, dass Sie bereit dazu sind. Es gibt kein Zurück mehr. Sehr schön hierbei ist das Bild der einzigen Straße, die in die Hölle hinein- und wieder herausführt. Es ist der gleiche Weg: Himmel und Hölle sind die zwei Seiten einer Medaille.

Mit dem Bild der herausfahrenden Autos verspricht Ihnen der Traum, dass Sie den Weg zurückfinden. Sie kommen wieder ans Tageslicht – wie neu geboren. Erst jetzt werden Sie auch den Regenbogen sehen können, die Belohnung für Ihren Einsatz. Ich wünsche Ihnen für Ihre Prüfung alles Gute.

Farblose Rosen in meinem Arm –
ein Familiengeheimnis?

Bericht der Träumerin

Heute schicke ich Ihnen meine Schilderung von zwei Träumen, die ich für Sie aufgeschrieben habe. Diese sind anders, als meine sonstigen, die ich gewöhnlich nach dem Aufwachen vergesse.

Vielleicht ist das Folgende eine kleine Hilfe bei der Deutung meiner beiden Träume: Nach meinem ersten Traum vergingen rund vier Wochen. Dann schrieb ich an eine meiner beiden Zwillingsschwestern (2 Jahre älter als ich) eine E-Mail mit einigen Neuigkeiten. Aus meiner Formulierung las sie eine persönliche »versteckte« Beleidigung heraus, durch die sie sich so gekränkt fühlte, dass ihre

Eine Ruine – Hinweis auf die
Vergangenheit

sofortige Antwort ein Abbruch unserer lebenslangen engen schwesterlichen Kontakte zur Folge hatte. Ich war völlig geschockt. Kurze Zeit später hatte ich den zweiten Traum, in dem diese Schwester ebenfalls anwesend war. Gibt es da einen Zusammenhang? Vielleicht haben die Träume aber auch damit zu tun, dass beide Schwestern und deren Ehehälften jede Form meiner Kreativität als »Anders-Und-Besser-Sein-Wollen« empfinden und deshalb alles, was mit mir zu tun hat, völlig ignorieren. Wir sprechen nicht darüber, obwohl wir uns alle oft sehen. Ich versuche nach dem Grundsatz zu leben »nicht zu richten«.

Ich würde mich sehr darüber freuen, wenn Sie durch Ihre Deutung erreichen, dass ich mich selbst besser kennenlerne. Weder ich noch mein Mann können uns die Träume erklären. Erwähnen möchte ich noch, dass wir eine harmonische Ehe führen und sehr glücklich sind. Aber vielleicht haben beide Träume gar nichts mit den familiären Dingen zu tun und beleuchten eine andere Seite meines Lebens, was ich leider nicht durchschaue.

Erster Traum

Ich stand mit einer meiner beiden Zwillingsschwestern auf einer Art Hügel vor einer Ruine. Alles sah aus wie in Griechenland. Der Boden war überall ausgetrocknet, kahl und mit Geröll und Steinen bedeckt. Auf einer freien Stelle, die aussah, als wenn dort das Geröll weggefegt worden war, standen meine Schwester und ich uns gegenüber. Sonst war kein Mensch dort. Alles um uns herum war staubig und wir selbst auch. Beide trugen wir lange üppige weiß-beige Gewänder wie griechische Frauen der Antike. (Wir waren noch nie in Griechenland). Beide hielten wir verstaubte, farblose Rosen in den Händen und legten uns diese gegenseitig wortlos in den Arm. Sonderbarerweise sah ich von der linken Seite uns beiden aus der Entfernung zu. Mich gab es also zweimal. Die Abendsonne oder Morgensonne gab der Szene eine gleichmäßig einfarbige Tönung. Das war der ganze Traum und ich wachte auf.

Zweiter Traum

Es war ein schöner, sonniger Sommertag. Ich ging mit meiner Schwester, die auch im ersten Traum dabei war, und ihrem Mann schweigend durch einen großen parkähnlichen Garten. Die grünen Blätter der üppigen Büsche glänzten in der Sonne. Außer uns Dreien war niemand dort und alles war still. Zwischen den Bäumen sah man einige kleine rote Klinkerhäuser. Es waren Krankenhäuser. Wir gingen auf eines zu, aber nur ich ging hinein. Der Eingang des Hauses war ein Lift. Gegenüber war eine zweite geöffnete Tür. Leute gingen durch beide Türen rein und raus. Ich fuhr nach oben. Beide Türen öffneten sich. Entweder man betrat das Stockwerk oder sonderbarerweise den Park. Ich betrat das Stockwerk und stand in einer hohen, eleganten und wunderschönen Halle. Durch farbige Fenster fiel das Sonnenlicht, wodurch braune Holzwände, die Holzdecke, der wertvolle Teppich, eine große schöne Vase und ein prächtiger Sessel in dunkel-goldenem Licht erstrahlten. Ich dachte, ich sei in einem Schloss. Mehrere Leute, die alle nicht zu erkennen waren, gingen schweigend an mir vorbei. Sie gingen nach links in einen dunklen Gang. Ich stand da und sah einen alten, bärtigen schmalen Mann lächelnd auf mich zukommen. Er trug eine Art schwarzen Talar mit Kapuze, wie ein Mönch. Ich fand das ganz normal. Ohne, dass ich ihn etwas gefragt hatte, sagte er, er weiß, zu wem ich möchte und dass ich ihm folgen soll. Ich selbst wusste gar nicht, zu wem und wohin ich wollte, sagte aber nichts. Wir gingen durch den langen dunklen Gang bis zu einer Tür auf der linken Seite. Dort sollte ich eintreten. Der Mann blieb draußen. Ich betrat eine Art Krankenzimmer, in dem drei Betten standen. Die Personen, die darin lagen, waren nicht zu erkennen. Alles in dem Raum war weiß. Vor einem Bett saß eine ältere Frau, als wenn sie den darin liegenden Kranken besuchte. Sie trug ein schwarzes Gewand mit Kopftuch und sah mich ernst an. Ich wusste aber nicht, zu wem ich wollte oder was ich vorhabe. Schweigend verließ ich den Raum wieder. Vor der Tür erwartete mich der alte Mann. Wir gingen zusammen durch den langen Gang zurück in die helle elegante Halle zum Lift. Ich erinnere mich aber nicht, ob ich den Lift betrat und auch nicht, was mit dem alten Mann geschah, denn hier endete mein Traum und ich wachte auf.

Traumberatung

Es geschieht relativ häufig, dass das Traum-Ich von außen zusieht, obwohl man selbst im Traum vorkommt, das zeigt eine gewisse Distanziertheit des Träumers zu der Szene.

Der erste Traum mutet wie ein Bild aus einer griechischen Tragödie an – zwei Schwestern stehen sich wortlos auf einer Art Hügel vor einer

Ruine gegenüber, alles ist ausgetrocknet, kahl, verstaubt und sie legen sich gegenseitig farblose verstaubte Rosen in die Arme. Morbider könnte die Szene nicht sein.

Das Bild zeigt, dass Sie sich und Ihre Schwester als gleichwertig erleben. Gleiche Bedingungen, die etwas mit der Vergangenheit zu tun haben könnten. Sie legen sich gegenseitig Rosen in den Arm, d. h. Sie vertrauen dem anderen etwas Wertvolles an, das mit Gefühl und Zuneigung zu tun hat. Dafür stehen die Rosen. Diese sind aber verstaubt und farblos. Ein Vertrauens- und Liebesbeweis, der aber kraftlos ist. Verbindet Sie ein Erlebnis eventuell von früher mit Ihrer Schwester, das Sie zu stummen Verbündeten macht, aber insgesamt mit einer Schwäche zu tun hat? Selbst wenn Sie nicht in Griechenland waren, könnte es sein, dass Sie zwei tragische Gestalten aus Märchen oder Mythen kennen, deren Geschichte Sie besonders angesprochen hat?

Der zweite Traum könnte vor dem Hintergrund der Trennung, die Sie beschreiben, stehen. Ganz im Gegensatz zum ersten Traum, in dem alles einheitlich morbid ist, hat der 2. Traum starke Gegensätze, sowohl zum ersten Traum als auch in sich selber: grüne Blätter, üppige Vegetation, großer parkähnlicher Garten, Sonne, Glanz, wunderschöne Halle, prachtvoll, wertvoll, dunkel-goldenes Licht, Schloss … Der Kontrast hierzu: Krankenhaus, dunkler Gang, ein karges weißes Zimmer, drei Betten. Im Traum taucht ein alter bärtiger Mann auf, schwarzgekleidet wie ein Mönch mit Kapuze, der mehr weiß als Sie und Ihnen einen dunklen Weg nach links zu einem Krankenzimmer weist. Hier könnte es sich um die Figur eines Führers bzw. des Alten Weisen handeln, der, wenn er im Traum erscheint, eine sehr wichtige Funktion hat und unbedingte Beachtung verdient. Er kann Sie in Kontakt mit einer unbewussten Seite bringen (dunkler Gang, nach links), dahin, wo es noch etwas zu bearbeiten gibt. So lässt er Sie auch alleine eintreten. In dem Zimmer stehen drei Betten. An einem Bett sitzt eine Frau in Schwarz mit Kopftuch – wie das Pendant zum Mönch. Sie erinnert an eine der Schicksalsgöttinnen bzw. an die Figur der Alten Weisen. Durch den Blick nimmt Sie Kontakt zu Ihnen auf. Das ist ein erster Schritt.

Noch wissen Sie nicht, wer in diesen drei Betten liegt – könnte es sich um einen Blick in die Vergangenheit auf Sie und Ihre Schwestern handeln? Woran sind die Patienten erkrankt? Was ist in diesem Zimmer los? Was hat es mit dem Patienten auf sich, an dessen Bett die alte Frau sitzt?

Durch die beiden archetypischen Gestalten der Alten Weisen haben Sie einen ersten Zugang zu einem womöglich tabuisierten, verdrängten (sprachlosen) Bereich erhalten, den Sie weiterverfolgen sollten. Ob mit oder ohne therapeutische Begleitung, ob durch Visualisierung oder über Malen des Traumes – was auch immer für Sie infrage kommt. Darin könnte u.a. die Lösung für das (momentan) schwierige Verhältnis zu der in beiden Träumen auftauchenden Schwester liegen.

Ich sehe Gespenster in unserer neuen Wohnung

Bericht der Träumerin

Da ich seit zwei oder drei Jahren den fast immer gleichen Traum habe, möchte auch ich Sie einmal um dessen Bedeutung fragen. Der Traum beginnt so, dass mein Mann, ich und die Kinder eine neue Wohnung beziehen möchten. Jedes Mal, wenn wir die Wohnung betreten (die übrigens in jedem Traum etwas anders aussieht), stehen wir sofort im Wohnzimmer. Im ersten Moment freue ich mich über das geräumige Zimmer und die schöne Einrichtung. Vor allem über das schöne Sofa. Doch im selben Moment wird die Freude jäh getrübt – in dem Haus spukt es! Das Sofa und andere Möbel fangen sofort an zu ruckeln und sich zu bewegen. Dann sehe ich durchsichtige Gestalten auf mich zukommen. Sofort bekomme ich panische Angst und denke: »Nichts wie raus hier!« Doch meistens ist der Ausgang versperrt. Wenn es mir doch gelingt, zu entfliehen, nützt das nichts, denn sie sind sofort hinter mir her. Dann wache ich immer mit rasendem Herzen auf und kann vor lauter Angst nur mit Licht wieder einschlafen. Übrigens gucke ich nie Grusel- oder Horrorfilme, von solchen Dingen kann es also nicht kommen.

Traumberatung

Können Sie sich an ein Ereignis erinnern, das stattfand, als der Traum zum ersten Mal auftrat? Das könnte ein wichtiger Hinweis sein. Auffallend ist hier auch, dass der Traum immer wiederkehrt, das unterstreicht die Dringlichkeit, die sich dahinter verbirgt. Hauptschauplatz ist das Wohnzimmer, in dem Sie sich auch sogleich befinden. Das heißt, der Traum geht sofort in medias res, kommt sofort auf den Punkt. Ihre Freude an Raum, Einrichtung, Sofa – ein Ort des Ausruhens – wird plötzlich getrübt durch einen Spuk. Ein Spuk ist nicht von dieser Welt, nicht zu greifen oder zu verstehen. Das ist unheimlich. Auch die Tatsache, dass der Ausgang (Ausweg) versperrt ist und Sie offenbar alleine dastehen, macht Angst. Könnte es sich hier um Muster Ihres Lebens handeln? Z. B. wenn Sie Schönes genießen und zur Ruhe kommen wollen, plötzlich und nachhaltig gestört zu werden? Vielleicht mussten Sie immer Leistung erbringen und konnten sich deshalb keine Ruhe gönnen? Oder Sie haben das Gefühl, das Schöne stehe Ihnen nicht zu? Es könnte auch sein, dass Sie sich in dieser Idylle überfordert fühlen: Nichts darf schmutzig werden, je größer der Raum, umso mehr Fläche, die geputzt werden muss … Die Spukgestalten sind die inneren Störenfriede, die Anteile, die Ihnen Genuss und Ruhe nicht gestatten. Woher diese kommen, können nur Sie wissen. Gehen Sie zurück in Ihre Kindheit und überprüfen Sie, wie es damals mit »einfach da sein und genießen« aussah.

Wenn Sie den Mut haben, dann konfrontieren Sie die Gestalten in Ihrer Vorstellung. Fragen Sie sie, warum Sie vertrieben werden sollen. Vielleicht kann Ihnen Ihr Mann dabei zur Seite stehen. Ich wünsche Ihnen viel Erfolg!

Ich verwandelte mich in eine andere Frau

Bericht der Träumerin

Der Traum fing damit an, dass ich in die Rolle einer »anderen« Frau schlüpfte, von der ich mich äußerlich durch nichts unterschied. Ich kann mich nicht genau daran erinnern, wie es dazu kam – alles andere sehe ich genau vor mir. In der Rolle dieser Frau ging ich zu ihrem Zuhause, übernahm ihren Platz – ihr Leben. »Ich« hatte einen Ehemann und ein kleines Kind, im selben Haushalt lebte auch die Schwiegermutter. Das Seltsame war, dass der Ehemann und die Schwiegermutter sich über »meine« positive charakterliche Veränderung wunderten (im Traum habe ich mich so gegeben, wie ich selbst bin). Im Traum lächelte ich über ihre Verwunderung. Langsam gewöhnten sie sich an mein »neues« Verhalten. Ich liebte meinen Mann und mein Baby. Die »echte« Frau war anscheinend das Gegenteil von mir gewesen. Der Schluss des Traumes war, dass ich mit der Schwiegermutter in einer noblen Boutique war, sie probierte ein sündhaft teures Kleidungsstück, während ich abseits stand und das Geschehen beobachtete. Sie war Stammkundin und hatte anscheinend ein kleines Zahlungsproblem. Ich griff ein, indem ich den Verkäuferinnen, die »meine Schwiegermutter« etwas belächelten, höflich klar machte, dass sie ja nicht zum ersten Male ein kleines Vermögen hier lasse. Dadurch bekam sie auch dieses Stück etwas günstiger. Wir verließen die Boutique – Ende des Traumes. Im realen Leben bin ich Single, habe eine 20-jährige Tochter und war bis heute nie verheiratet.

Traumberatung

In diesem Traum haben wir drei Anteile Ihrer Persönlichkeit.
1. Sie selbst – doch Sie gehen im Traum von sich weg. Sie werden zu einer Ehefrau und Mutter. Offenbar sind Sie im Glauben, dass bessere Seiten zum Vorschein kommen, wenn Sie eine Familie hätten. Ist da eventuell ein versteckter Hinweis, dass Sie sich als Single nicht so positiv ausleben können bzw. frustriert sind? Fehlt Ihnen der Partner? Ein Baby? Jemand zum Liebhaben oder um den Sie sich kümmern können?
2. Was sagt nun die Schwiegermutter aus? Welcher Anteil ist das von Ihnen? Kennen Sie Zahlungsprobleme? Hilft Ihnen jemand aus der Patsche, wenn es so weit ist? Oder: Können Sie sich gut für andere einsetzen?

3. Der Teil, den Sie im wahren Leben repräsentieren, scheint mir im Traum zu wenig betont. Setzen Sie sich doch mal ganz bewusst mit sich selber und Ihrer momentanen Situation auseinander: Was mögen Sie an sich, was nicht? Was sind Ihre Stärken und Schwächen, wo sind Ihre Defizite? Machen Sie eine Bestandsaufnahme ihres gegenwärtigen (weiblichen) Lebens. Dazu gibt der Traum Anstoß. Das könnte sehr aufschlussreich für Sie sein!

Ich stecke ein Tier ins Klo – doch es ist ein Überlebenskünstler

Bericht des Träumers

Ich bin im Büro, das allerdings anders aussieht, als sonst. Befinde mich in einer Art Konferenzraum, der aber kaum eingerichtet ist und nicht besonders repräsentativ aussieht, eher ein großer, leerer Raum mit weißen Wänden. Einige Menschen sind mit im Raum, angeblich Kollegen, aber es handelt sich um Menschen, die ich noch nie gesehen habe. Ich»empfinde« sie aber als Kollegen. Es heißt, im Raum befinde sich ein Tier, eine Ratte oder etwas Ähnliches, denn in den letzten Tagen sind in dem Raum Geräusche gehört worden. In der Wand gibt es auch in Bodennähe ein kleines Loch. Wir bauen aus alten Decken, die wir vor das Loch legen, eine Art»Falle« in Form einer Höhle. Wenig später regt sich auch tatsächlich etwas unter der Decke, es könnte eine große Ratte, aber auch eine kleine Katze sein. Einer der Kollegen, er ist recht kräftig, überlegt, ob es sinnvoll sei, einfach mit einem großen Satz auf die Decke zu springen, um das Tier darunter quasi zu erdrücken, wir finden den Gedanken aber nicht gut. Ich biete mich an, das Tier mitsamt der über ihm liegenden Decke zu ergreifen und ins Klo zu stecken, um es zu ertränken. Das finden die anderen eine gute Idee und ich tue es, ergreife eine Decke und stopfe das Tier in die geöffnete Toilette, schließe den Deckel. Das Tier ist aber erstaunlich kräftig und drückt zu meiner Überraschung von innen gegen den Toilettendeckel, ich bin etwas unachtsam – und da entwischt das Tier durch eine kleine Lücke, es macht sich dabei ganz flach. Was für ein Tier es ist, kann ich trotzdem nicht entdecken. Gefühlslage dabei: keine Angst, auch kein echtes Unbehagen, eher Neugier und auch eine Art von Bewunderung für das Tier, dass es tatsächlich aus so einer misslichen Lage noch fliehen kann.

Traumberatung

In einem sehr funktionellen Arbeitsraum befinden Sie sich mit unbekannten Kollegen – und einem für Sie nicht sichtbaren Tier, das durch eine kleine Öffnung Zugang zu dem Raum hat. Seit ein paar Tagen macht es sich durch Geräusche bemerkbar. Dieses lebendige Wesen steht in Kontrast zu der sterilen Atmosphäre. Interessant ist, dass es sich entweder um eine große Ratte oder um eine kleine Katze handelt. Der Unterschied ist bemerkenswert: Eine große Ratte kann gefährlich sein, eklig, für manche angsterregend, eine kleine Katze hingegen ist süß, verspielt und weckt natürliche Beschützerinstinkte. Gemeinsam haben beide Tiere, dass sie Überlebenskünstler sind und sich rasend schnell vermehren. Sofort ist klar, das Tier muss entfernt werden. Mittels eines Tricks wird es gelockt, dann soll es getötet werden: erdrücken wird ausgeschlossen, aber es ergreifen, in die Toilette stopfen, Deckel schließen, ertränken wäre die Methode für Sie, doch das Tier ist ebenfalls clever. In einem unachtsamen Moment entkommt es durch eine Lücke mit einem Trick, es macht sich flach.

Durch ein Loch (eine Lücke) kam es in den Raum, durch eine Lücke rettet es sich aus großer Gefahr. Hier handelt es sich um einen Impuls, auf den Sie aufmerksam werden, aber Sie können (noch) nicht erkennen, um was es geht. Er zeigt sich nicht offen, Sie vermuten zwei Extreme – aber beide müssen weg. Doch es gelingt Ihnen nicht, diesen Impuls zu töten, er ist stark und anpassungsfähig, nutzt undichte Stellen in Ihrem Abwehrsystem. Jetzt die Frage: Was macht sich in Ihnen bemerkbar (möglicherweise in Zusammenhang mit der Arbeit), das so unterschiedliche Seiten vereint und sich weder wegstopfen noch wegschließen (Deckel zu) geschweige denn ertränken lässt? Wenn Sie dem »Tier« auf die Spur kommen wollen, dann nehmen Sie sich einen Moment Zeit, gehen Sie zurück in den Traum und schauen Sie unter die »alten Decken«. Es kann gut sein, dass Sie den Impuls schon lange kennen, aber nie beachtet haben. Der Traum sagt, dass jetzt die Zeit gekommen ist, ihn zu integrieren – immerhin: Ihre Bewunderung für seinen Lebenswillen hat er schon!

Midlife-Crisis – die seelischen Wechseljahre

Bericht des Träumers

Ich träumte, ich begegne einem jungen Mann Anfang 20, kräftig, gut aussehend, voller Schwung und Tatkraft. Nichts kann ihm etwas anhaben. Ich bewundere ihn. Wir unterhalten uns kurz. Bevor ich weitergehe, sagt er, wenn ich Lust auf ein Bier habe, soll ich vorbeikommen. Nach einer Weile kreuzt plötzlich ein alter Mann meinen Weg. Er begrüßt mich freundlich. Er lädt mich ein in seinen Garten. Überall blüht es. Er hat Apfelbäume im Garten, die Früchte tragen. Er erzählt mir aus seinem Leben. Ich bewundere ihn ebenfalls und fühle mich wohl bei ihm. Wenn ich einmal alt bin, möchte ich auch so zufrieden und gelassen sein wie er. Die beiden Männer haben es geschafft, denke ich, und fühle mich total verloren. Realität: Es geht mir eigentlich sehr gut, bin Anfang 50, habe eine befriedigende Arbeit und lebe in einer Beziehung. Verloren fühle ich mich nicht im realen Leben. Aber der Traum macht mir Angst, bahnt sich etwas Negatives an?

Traumberatung

Mit Anfang 50 befinden Sie sich in der Lebensmitte. Hier ist man nicht mehr jung, aber auch noch nicht alt. Und trotzdem bemerkt man schleichend Veränderungen, die das Alter ankündigen, und eine Auseinandersetzung damit rückt näher. Während dieser »seelischen Wechseljahre« kommt es häufig zu intensiven Träumen. Ihr Traum scheint das Thema Jung und Alt aufzugreifen. Die beiden Männer sind Archetypen: Der jugendliche Held und der alte Weise, beide verhalten sich ihrem Alter entsprechend. Sie aber befinden sich gerade in einem Zwischenstadium. In Ihnen steckt noch etwas von dem jungen Helden, aber auch schon etwas von dem alten Weisen. Das mag Sie im Moment verunsichern und deshalb stellt sich das Gefühl der Verlorenheit ein. Der Traum zeigt Ihnen jedoch ganz klar, worum es im Alter geht: Sich in einem blühenden Garten, den man in jungen Jahren angelegt hat, zu erholen, und die Früchte des Lebens ernten und genießen. Noch ist es nicht so weit, aber der Ausblick scheint – das sagt der Traum – positiv.

Ein mysteriöser Anruf belastet mich –
ist meine Tochter in Gefahr?

Ein schrecklicher Anruf

Bericht der Träumerin

Das Telefon klingelte und jemand sagte: »Annette ist tot, sie ist vom Blitz erschlagen worden.« Annette ist meine jüngste Tochter. Ich bewegte mich dann im Traum unruhig und erschüttert in meiner Wohnung, schaute in Annettes Schränke und erzählte anderen Menschen von ihr. Heute Nacht wachte ich mehrmals auf und der Traum wurde etwas wiederholt und ausgesponnen. Sie können sich denken, dass ich sehr unruhig bin, Annette und ich haben ein gutes Verhältnis zueinander.

Traumberatung

Es wäre schon sehr unwahrscheinlich, wenn Ihre Tochter durch einen Blitzschlag ums Leben käme. Die Traumsprache bedient sich immer der verschiedensten Symbole. Hier wurde der Blitzschlag gewählt. In unserer Sprache wird dabei immer ein unvorhergesehenes, plötzliches (positives wie negatives) Ereignis assoziiert: Etwas hat eingeschlagen wie ein Blitz, blitzschnell, ich war wie vom Blitz getroffen, vom Blitz erschlagen, wie ein Blitz aus heiterem Himmel … Hier gilt es auch anzusetzen: Gab es in letzter Zeit ein Ereignis im Zusammenhang mit Ihrer Tochter, das plötzlich geschah und Sie beunruhigte, ja sogar erschütterte? Hat das Verlustängste bei Ihnen ausgelöst?

Sie schauen in Annettes Schränke und erzählen anderen von ihr – könnte es sich hier um einen Ablöseprozess handeln, der wie gesagt durch ein plötzliches Ereignis oder eine Erkenntnis in Gang gesetzt wurde? Schränke sind Aufbewahrungsorte, vielleicht finden Sie dort persönliche Sachen, die Sie an frühere Zeiten erinnern? Sie sind auf der Suche nach der Tochter und wollen ihr nahe sein durch ihre Gegenstände. Wenn es um Abschied geht – egal in welcher Form –, ist es immer sehr heilsam, mit anderen über die Person, die nicht mehr da ist, zu sprechen. Ihre Seele scheint sich hier gesunder Verarbeitungsmechanismen zu bedienen. Die Tatsache, dass der Traum wiederkehrt, unterstreicht die emotionale Betroffenheit. Sie befinden sich in einem Prozess, der offenbar noch andauert. Aber Ihr Traum zeigt, dass Sie gut in der Lage sind, damit umzugehen.

Eine Erbschaft – und Besuch von einem Toten

Bericht der Träumerin

Ich hatte heute Nacht einen Traum, der mich sehr bewegt hat. Dazu eine kleine Vorgeschichte: Meine Mutter hat ein zweites Mal geheiratet und ich habe noch zwei Brüder bekommen. Mein jüngster Bruder ist im Laufe der Zeit zum Alkoholiker geworden. Ich fand es immer schade, dass er sein Potenzial nicht ausleben konnte. Nach dem Tod unseres Vaters hat er sich vollständig zurückgezogen und wollte von uns nichts mehr wissen. Wir hatten lange keinen Kontakt. Bis wir die Nachricht erhielten, dass er sehr krank war und verstorben ist. Ich habe geträumt, wir hätten eine Erbschaft gemacht. Das Geld haben wir auf uns verteilt (je 2000 Euro für den älteren Bruder und mich). Wir waren dann zu einer Geburtstagsparty eingeladen. Der Tisch war aber nur für vier Personen gedeckt, je zwei Plätze gegenüber. Auf einem saß mein älterer Bruder, ich saß ihm gegenüber. Plötzlich kommt unser jüngster Bruder mit einem Geschenkpaket mit großer roter Schleife. Wir schauen uns an und denken, »Oh Gott, wo kommt der her?« Er lächelt uns ganz entspannt an und setzt sich neben mich. Ich schaue ihn an und umarme ihn. Von ihm wird diese Umarmung erwidert. Er erzählt uns, dass er große Pläne hat und freut sich, dass er uns wiedersieht. In diesem Moment habe ich eine ganz wunderbare Harmonie verspürt und wir hatten vor, ihn an der Erbschaft zu beteiligen. Ich würde gerne wissen, was mir dieser Traum sagen soll.

Traumberatung

Danke für die Vorgeschichte, sie ist sehr wichtig für das Verständnis dieses Traumes. In Ihrer Familie ist etwas verloren gegangen, aus der Harmonie gefallen. Der jüngere Bruder hatte sich zurückgezogen, Sie konnten ihn weder kontaktieren noch sich vor seinem Tod von ihm verabschieden. Das ist belastend für die Psyche.

Nun gibt es einen Traum mit einer Erbschaft. Sie besteht aus 2 x 2000 Euro (= 4000), die Sie sich zu gleichen Teilen mit dem älteren Bruder teilen. Dann ist da ein Geburtstagsfest, auf das Sie beide eingeladen sind. Sie erwarten viele Leute, der Festtisch ist jedoch nur für vier Personen gedeckt. Dort sitzen Sie Ihrem älteren Bruder gegenüber. Die Zahl 2 und 4 fällt hier erneut auf, zwei Personen und vier Plätze. Und plötzlich erscheint der tot geglaubte Bruder. Er bringt ein Geschenk mit großer roter Schleife und er hat große Pläne. Er freut sich, Sie beide wiederzusehen. Hier ist viel Emotion im Spiel (rote Schleife). Auch von Ihrer Seite. Sie spüren eine tiefe Harmonie und geben ihm wieder einen Platz in der Familie, indem Sie ihn ansehen, umarmen und an der Erbschaft beteiligen.

Der Traum zeigt im übertragenen Sinne, dass Sie gesetzlich alles geregelt haben. Die Erbschaft ist aufgeteilt unter den zwei Verbliebenen. Doch mit der Rückkehr Ihres Bruders kommt die emotionale Seite ins Spiel. Ihr Bruder hat ein Geschenk dabei. Was hat Ihr Bruder Ihnen Positives gebracht im Leben? Welches Geschenk hatte er oder war er für Sie? Auffallend ist auch, dass an dem Tisch der 4. Platz leer bleibt. Haben Sie eine Vermutung, wer hier hingehört?

Im Traum ist von Erbschaft und Geburtstag die Rede, also von Tod und Leben. Hatten Sie den Traum in der Nähe eines Jahrestags? Geburtstag oder Todestag? Er könnte kompensatorische Wirkung haben, indem er den leeren Platz des Bruders wieder füllt, erst dann ist Har-

monie hergestellt. Vielleicht gibt es da auch ein Schuldgefühl, Sie hätten ihm gerne geholfen, und das war nicht möglich. Nun steht der Bruder glücklich wieder vor Ihnen. Es könnte aber auch sein, dass Sie sich im Moment in einem Prozess befinden, in dem Sie einem Teil in sich wieder Raum geben – etwas, das Ihnen gefehlt hat, in Ihr Leben integrieren, etwas Neues, was Ihnen schon lange am Herzen liegt, zulassen. Die Seele kennt so ein Gefühl – es hängt mit Ihrem Bruder zusammen – und deshalb kleidet der Traum es verschlüsselt in diese Geschichte mit eben diesen Bildern.

Mein toter Vater warnte mich vor einem Schaden

Bericht der Träumerin

Ich hatte im Traum ein komisches Erlebnis mit meinem Vater. Zur Vorgeschichte: Ich wohne in einer Kellerwohnung und hatte drei Monate nach dem Tod meines Vaters einen Wasserschaden im Treppenhaus – genau da, wo ich Kisten mit Kindheitserinnerungen platziert hatte. Ich brachte alles in Sicherheit, mein Vermieter wollte am nächsten Tag mit der Reparatur beginnen. Als ich an dem Abend ins Bett ging, träumte ich sehr intensiv von meinem Vater. Ich habe noch nie von meinem Vater geträumt, und nun, drei Monate nach seinem Tod, geschah es. In dem Traum sagte er mir, ich solle die Bilder retten, immer und immer wieder. Er stand vor meinem Bett und es war so etwas von nervend. Ich wachte morgens total genervt auf. Ein Traum mit meinem Vater, der mich mit »Du musst die Bilder retten« wirklich bedrängt hat. Zumal er Fotos nicht mochte – er schaute sie sich auch zu Lebzeiten nicht an.

Ich telefonierte mit meiner Mutter und erzählte ihr von diesem Traum, als der Vermieter klingelte und sagte, ich hätte eine Kiste übersehen und die wäre nun ganz nass. Ich schaute rein: Sie enthielt alle meine Fotos aus der Kindheit. Alle diese Bilder, die mir sehr, sehr viel bedeutet haben, waren patschnass. Ich begann sie in meiner Wohnung zu trocknen. Doch jetzt wusste ich, warum mich mein Papa im Traum so nervte mit »Rette Deine Bilder«. Ich habe seitdem nie wieder von meinem Papa geträumt. Mir hat man schon öfter gesagt, dass ich für solche Sachen empfänglich sei und mein Papa sei mein Schutzengel – stimmt das?

Traumberatung

Verstorbene können durchaus zu »Schutzengeln« werden. Auch wenn wir sie real nicht mehr sehen können – diese »Gabe« haben nur sehr wenige Menschen –, tauchen sie meist unvermutet in Träumen auf und manchmal haben sie auch eine Botschaft dabei. Wie anders sollten sie sich uns sonst mitteilen können? Wahrscheinlich werden Sie in Zukunft solche »Nachrichten« besser annehmen und auch entschlüsseln können. Vielleicht können Sie Ihrem Vater auch kurz danken für seine Hilfestellung. Sie waren ja in Unkenntnis der Sachlage ziemlich genervt. Wenn Sie ihm nun zu verstehen geben, dass Sie seine »Besuche« weiterhin schätzen, wird er sich sicher wieder melden – spätestens dann, wenn es wieder um eine wichtige Botschaft geht.

Alkohol verfolgt mich überall hin – Sucht?

Bericht der Träumerin

Ich habe geträumt, dass ich keinen Alkohol trinken will, aber ständig werde ich mit Alkohol konfrontiert. Heimlich schüttet mir jemand Alkohol ins Wasserglas. Ich trinke davon – und bemerke es sofort. Spucke alles wieder aus. Dann gieße ich mir ein Glas Wasser ein und beim Trinken stelle ich fest, dass ich aus Versehen Wein erwischt habe. Habe mich zwar gewundert, dass die Flüssigkeit so anders aussah, aber dennoch einen Schluck davon genommen. Schütte alles weg. Beim Essen spüre ich auch Alkohol im Mund, ich habe ein Stück Kuchen bestellt, das getränkt war mit Rum. Lasse den Kuchen stehen. Bin ganz verzweifelt. Wie schaffe ich es, ganz normal zu essen und zu trinken?

Meine Situation: Ich habe vor drei Monaten von einem Tag auf den anderen aufgehört Alkohol zu trinken, denn ich hatte das Gefühl zu viel zu trinken. Der Alkohol geht mir nicht ab, aber sonderbarerweise zeigen sich seither immer wieder Träume, in denen ich aus Versehen Alkohol zu mir nehme. Was hat das zu bedeuten? War ich etwa doch eine Alkoholikerin?

Traumberatung

Die Tatsache, dass Sie ohne Mühe – d.h. ohne Entzugserscheinungen oder Verlangen nach Alkohol – aufgehört haben, zeigt, dass Sie keine Alkoholikerin waren. Vielleicht aber steckt diese Angst in Ihnen. Es kann auch sein, dass Sie wissen, dass für einen »trockenen Alkoholiker« ein einziger Tropfen genügt, um wieder rückfällig zu werden. Diese Angst spiegelt der Traum. Er liefert Ihnen ganz viele Situationen, in denen Sie wieder »rückfällig« werden könnten. Er zeigt Ihnen, dass Sie dem Frieden noch nicht ganz trauen. Gleichzeitig aber macht der Traum ganz klar deutlich, dass Sie standfest bleiben. Sobald Sie Alkohol bemerken, wehren Sie sich dagegen. Der Traum zeigt aber auch, wie sehr Sie das Thema innerlich beschäftigt, noch dazu, weil es mehrere Traumvariationen hierzu gibt. Er macht zudem deutlich, dass man in der Gesellschaft ganz automatisch immer wieder mit Alkohol in Berührung kommt. Es kann gut sein, dass Sie genau im richtigen Moment die Notbremse gezogen haben. In ein paar Monaten werden diese Träume von selbst verschwinden. Dann haben Sie nicht nur den äußeren, sondern auch den inneren Schritt zum Aufhören vollzogen, d. h. statt automatisch Alkohol zu trinken, trinken Sie dann automatisch keinen. Manchmal dauert es eine Weile, bis das Unbewusste diese Umstellung nachvollzogen hat.

Riskante Fahrt an Unfällen vorbei – unruhige Zeiten mit positivem Ausblick

Bericht der Träumerin

Ich hatte einen Traum, der mich verunsichert. Bedeutet der Traum, dass ich in Gefahr bin? Mein Leben erfährt gerade Umstellungen in verschiedensten Bereichen. Das ist psychisch sehr anstrengend. Ich

verkrafte es im Moment nicht, wenn mir etwas passieren würde. Habe keine Energie mehr. Der Traum: Ich fahre auf einer mehrspurigen Straße, es geht geradeaus. Bin auf der linken Spur. Rechts von mir passieren plötzlich lauter Unfälle. Ständig kracht es. Ich fahre dauernd an Unfällen vorbei. Hoffentlich passiert mir nichts. Eine große Spannung liegt in der Luft. Ich spüre es und kann nichts tun. Weit vor mir, links auf der Straße, sehe ich mehrere Menschen stehen. Da ist auch etwas passiert. Wieder kracht es rechts von mir. Ich schaue hin und dabei gerät auch mein Auto ins Schlingern. Ich ramme den Bordstein, Funken stieben. Ich verliere beinahe die Kontrolle über das Auto. In allerletzter Sekunde gelingt es mir, das Auto zum Stehen zu bringen. Es ist direkt vor einer Ampel – es zeigt sich, dass die Leute, die ich gesehen habe, Fußgänger sind, die lediglich an der Ampel warten. Ich bin erleichtert. Doch ich habe Angst weiterzufahren, da ich nicht weiß, was noch geschieht.

Traumberatung

Der Traum spiegelt ganz gut die unruhigen Zeiten – und er gibt einen positiven Ausblick. Überall »kracht es«. Nichts ist mehr sicher, und Sie scheinen keinen Einfluss auf die Situation zu haben. Die linke Spur, auf der Sie sich befinden, könnte die gefühlsmäßige Seite anzeigen. Sie folgen Ihrem Gespür. Auf diesem Weg (Überholspur) lassen Sie viele und vieles hinter sich. Der Traum zeigt auch, dass Sie sich im Moment noch beeinflussen lassen von all den Ereignissen und dabei unkonzentriert werden. Die Folge ist, dass Sie dadurch beinahe von Ihrem Kurs abkommen. Doch es gelingt Ihnen, die Kontrolle zu behalten. Ein gutes Zeichen. Schließlich entpuppt sich die Menschengruppe vor Ihnen nicht, wie befürchtet, als Indiz für ein weiteres Unglück, sondern als Wartende vor einer Ampel. All das signalisiert: Es geht im Moment darum, sich nicht ablenken zu lassen, bleiben Sie auf Ihrem Weg und erkennen Sie, dass vor Ihnen kein Unglück auftauchen wird, auch wenn Sie das befürchten, sondern dass es wichtig ist, den richtigen Zeitpunkt abzuwarten. Auch für Sie wird, bildlich gesprochen, die Ampel bald wieder auf Grün schalten, sodass Sie freie Fahrt haben.

Hilfe, ich ersticke …
wie kann ich mein Leben retten?

Bericht des Träumers

Ich bin in einem großen Raum mit vielen Leuten, eine Art Büro. Der Sauerstoff wird knapp. Ich wusste, dass das mal passieren würde. Es war angekündigt: Wir werden alle unweigerlich sterben. Ich wechsle den Platz im Büro, immer auf der Suche nach Lebensverlängerung. Ich werde müder, gähne schon, dabei gehöre ich zu denen, die es am längsten durchgehalten haben. Ich öffne eine Türe, gehe in einen anderen Raum, ein Gang ist da, viele Zimmer gehen ab, gibt es nicht irgendwo eine Geheimtür? Nein, hier gibt es auch keine Rettung, ich gehe wieder zurück. Habe nur noch wenig Zeit. Ich sehe einen Zettel mit Namen, auch meiner steht drauf, er ist deutlich von den anderen abgesetzt. Es geht darum:

Im Labyrinth gefangen – ohne Luft

Was wäre die Zukunft oder was wäre aus mir geworden, wenn ich mich früher einmal anders entschieden hätte? Es gab doch mehrere Möglichkeiten. Oder hat jemand für mich entschieden? Die Luft wird knapper. Wann ist es so weit? Was ist dann? Wohin kann ich noch schnell kommunizieren mit dem Handy?

Traumberatung

Offenbar geht es hier um eine früher getroffene Entscheidung, die Sie in eine Sackgasse geführt hat. Der Traum sagt, Sie haben lange durchgehalten, aber viel Zeit bleibt Ihnen nicht mehr. Verzweifelt suchen Sie nach einem Ausweg, nach einer Rettung. Aber da, wo Sie bisher gesucht haben, gibt es diese nicht. Übertragen auf Ihre Lebenssituation sollten Sie sich fragen: In welchem Bereich fehlt Ihnen die Luft zum Atmen? Oder besser gesagt: Wo geht Ihnen die Luft aus? Wo soll sofort eine Änderung bzw. radikale Wende herbeigeführt werden? Das können nur Sie wissen. Klar ist, dass Sie vor einem ganz wichtigen Schritt stehen. Es könnte hilfreich sein, an die Stelle zurückzukehren, an der Sie damals eine Entscheidung getroffen haben oder an der über Sie entschieden wurde. Versetzen Sie sich geistig in die damalige Lage. Welche Möglichkeiten (der Traum hat darauf hingewiesen) gab es noch? Die Lösung, die der Traum anbietet, ist Kommunikation. Nicht alleine weitersuchen, sondern mit anderen zusammen. Sammeln Sie Informationen, kommunizieren Sie mit anderen über Ihre Situation. Und dann handeln Sie – in dem Wort Handy steckt auch Hand und handeln. Wenn Sie der Aufforderung des Traumes folgen, werden Sie bald wieder genügend Luft haben und die Zukunft gestalten können. Bleiben Sie sich dabei treu – Ihr hervorgehobener Name auf der Liste zeigt, wie wichtig das ist.

Besuch von einer dämonischen Frau

Bericht der Träumerin

Mein Sohn (25), meine Tochter (22) und ich (53) sind im Wohnzimmer. Ein großer Hund kommt ins Zimmer, »der muss durch die Katzenklappe gekommen sein«, denke ich. Ich sagte zu den Kindern, dass ich ihn ins Tierheim bringe. Im wirklichen Leben ist unser Hund voriges Jahr verstorben und ich will keinen mehr. Das hat auch seinen Grund, ich bin vor zwei Jahren zum zweiten Mal Witwe geworden und muss mich um alles kümmern. Ich arbeite halbtags. Doch zurück zum Traum. Dann höre ich wieder ein Geräusch, ich schaue in die Küche, eine weibliche, mir auf Anhieb unsympathische Person geht einfach durch in den Flur. Ich spreche sie an, sie soll nicht die Treppe hochgehen. Die Person bleibt stehen, sie wird frech und aggressiv. Dann verwandelt sich ihr Gesicht in eine Fratze, ich denke ein Dämon, gleichzeitig ein Geknalle wie hundert Chinakracher auf einmal. Davon werde ich wach. Für mich war es ein Alptraum, ich hatte Angst wieder einzuschlafen.

Traumberatung

Ihr Traum spielt sich in Ihrem Haus und in Ihrer Familie ab. Ein großer Hund kommt in Ihren Lebensbereich (Wohnzimmer) und hat auch freien Zugang (Katzenklappe). Nach diesem Teil schildern Sie Ihre reale Situation, aus der Verlust und Überbelastung erkennbar ist. Wegen der Halbtagsarbeit und weil Sie sich um alles kümmern müssen, können Sie den Hund nicht behalten. Ich weiß nicht, was ein Hund für Sie bedeutet. Ist es der Wunsch, einen »Gefährten« an Ihrer Seite zu haben? Es könnte sich hier auch um den Wunsch nach einer realen Partnerschaft handeln. Die Kinder sind erwachsen und eventuell nicht mehr lange im Haus. Sie wären dann nicht alleine. Dann taucht eine freche, aggressive Frau auf, der Sie verbieten die Treppe hochzugehen. Was ist da oben? Wohin versperren Sie der Frau den Zugang? Eventuell zu Erholung und Entspannung? Könnte es sein, dass diese Überbelastung, die keinen Spaß (und keinen Hund) zulässt, Sie aggressiv macht? Vielleicht verkörpert diese Frau Ihre Aggression. Werden Sie doch mal selbst zum »Dämon« und schaffen Sie lautstark (Chinaknaller) die Überbelastung ab, verteilen Sie die Arbeit, dann ist auch wieder Platz für einen Hund/Partner. Er ist groß im Traum, das bedeutet, dass er wichtig ist für Sie.

Helfer in der Not – um jeden Preis?

Bericht der Träumerin

Ein langjähriger Arbeitskollege, der mir sympathisch ist, erzählte mir, dass er völlig pleite sei. Er brauche dringend Geld und fragte, ob ich ihm nicht irgendwie aushelfen könne. Auf meine Frage, wie viel er denn bräuchte, sagte er »6000 €«. Ich überlegte kurz, sagte noch »Ja«, wachte dann aber sofort auf. Vor Kurzem habe ich tatsächlich diese Geldsumme erhalten. Aber was genau verrät mir der Traum?

Traumberatung

So kurz der Traum ist, so kann er doch eine ganze Menge aussagen: Träume haben oft eine ausgleichende Funktion. Hat der Arbeitskollege Sie vielleicht schon einmal um Hilfe irgendeiner Art gebeten, und Sie konnten ihm diese nicht geben? Vielleicht tat Ihnen das Leid? Jetzt, wo Sie die Möglichkeit hätten, könnten Sie das wieder gutmachen. Das wäre eine Möglichkeit, die der Traum anzeigt. Eine andere wäre, dass Sie sich eventuell dem Mann im realen Arbeitsleben unterlegen fühlen und dadurch, dass sie ihm diese Summe zur Verfügung stellen, Eindruck auf ihn machen könnten.

Der Traum könnte aber auch ein Verhaltensmuster von Ihnen spiegeln, z. B. dass Sie dazu neigen, anderen in Not zu helfen, bevor Sie Geld für Ihre eigene Lebensqualität oder Absicherung ausgeben. Nach dem Motto: andere wichtiger nehmen als sich selbst. Eine spielerische Variante zu dem Traum wäre, noch einmal in den Traum zurückzugehen, ihn erneut zu durchleben und an der Stelle, an der Sie aufgewacht sind, einfach »weiterzuträumen« und zu sehen, was passiert. Auch das kann zu spannenden Erkenntnissen führen.

Ein Toter ist plötzlich lebendig und gesund – hat er eine Botschaft für mich?

Bericht der Träumerin

Hat es etwas zu bedeuten, wenn man von einem Menschen träumt, der eigentlich schon sehr, sehr lange tot ist? Dies passiert mir in letzter Zeit sehr oft. Neulich träumte ich, dass mein Opa, der schon lange verstorben ist (er hatte Krebs) auf einmal wieder da war – und zwar kerngesund. Dafür hatte meine Cousine (die in Wirklichkeit gesund ist) auf einmal Krebs und einen ganz dicken rechten Arm. Worum es dabei genau ging, weiß ich leider nicht, aber es ist schon sehr seltsam für mich von einem Menschen zu träumen, der bereits seit 13 Jahren tot ist. Ich habe nur eine kleine Vermutung: Will er mich vielleicht vor irgendwas beschützen oder mir etwas mitteilen? Ich bin nämlich leider auch gerade schwer erkrankt.

Traumberatung

Wenn man von einem Menschen träumt, der schon lange tot ist, dann kann das mehrere Bedeutungen haben: Zum einen können einen momentane Erlebnisse an frühere Ereignisse, die man mit genau diesem Menschen hatte, erinnern. Zum anderen verkörpert dieser Mensch bestimmte Eigenschaften, denen man in der heutigen Situation begegnet oder die man gerade braucht, und die Seele erinnert sich und holt den Verstorbenen wieder ins Gedächtnis, an dem nun diese Eigenschaften sichtbar werden. Und es kann sein, dass Verstorbene Schutz für ihre noch hier lebenden Freunde oder Verwandten bieten. In Ihrem Traum steht das Thema Krankheit und Gesundheit im Vordergrund – mit vertauschten Rollen. Der Kranke erscheint gesund und lebendig und die Gesunde ist plötzlich todkrank. Dass es sich dabei um die Cousine und nicht Sie selbst handelt, ist zweitrangig. Die Cousine, die Sie als kerngesund erleben, betont nur den Kontrast zur Krankheit. Ich denke, dass es in diesem Traum darum geht, dass Sie dieses plötzliche Kranksein verarbeiten. Ihre Aktivitäten sind eingeschränkt, Sie können nicht mehr so handeln, wie Sie gerne möchten. Das wird durch den rechten Arm symbolisiert, der für die männliche Kraft und Aktivität steht. Vielleicht haben Sie das vor 13 Jahren auch bei Ihrem Großvater erlebt? Sie kannten ihn als gesund und plötzlich wurde er krank? Oder aber, der Großvater war für Sie eine positive Figur im Leben, der Ihnen helfend beistand, dann signalisiert der Traum, dass er das jetzt auch tut.

Ich schwamm in dunklem Wasser –
ist das ein schlechtes Omen?

Bericht des Träumers

Ich träumte einen seltsamen Traum, den ich mir nicht erklären kann. Ich duschte gemeinsam mit Freunden. Ich konnte die Dusche aber nicht abstellen. Beim Verlassen der Dusche spritzte mir aus dem Vorraum, wo eigentlich gar keine Duschen waren, trotzdem aus heiterem Himmel Wasser entgegen. Ich konnte dem Wasserstrahl nicht entkommen. Es war klares, normales Duschwasser.

Dann folgte ein Szenenwechsel: Ich schwamm in einem schmalen Fluss mit schwarzem Wasser. Ich schwamm auf dem Rücken, den Kopf hielt ich über dem Wasser. Bei meinen Schwimmbewegungen bemerkte ich Laub und Schlick im Wasser. Ich ging an Land und mir stand plötzlich ein fremder Mann gegenüber. Offensichtlich ist er vorher auch im selben Wasser wie ich gewesen, da er überall schwarzen Schlick auf seiner Haut hatte. Wir wollten duschen gehen, aber es waren keine Duschen da. Nächster Szenenwechsel: Ich vergaß das Duschen und saß stattdessen im Gespräch mit fremden Leuten in einem Raum. Dann wurde ich endlich wach und bekam Angst, weil es heißt, dass dunkles Wasser nichts Gutes bedeutet. Wie denken Sie über meinen Traum?

Traumberatung

Das schwarze Wasser sollte Ihnen keine Angst machen. Vielmehr teilt Ihnen der Traum eine interessante Botschaft mit. Das Element Wasser spiegelt im Traum sehr oft die Gefühlswelt. Demnach entspricht das klare Wasser auch den klaren, positiven Gefühlen. Es hat auch etwas von einem Reinigungscharakter, der bei Ihnen ganz klar durch die Dusche angezeigt wird. Schwarze Gewässer, die auch noch Schlamm mit sich führen, verweisen auf eher negative Gefühle wie Trauer oder Hemmnis. Wenn der Fluss schmal, das Wasser schwarz und mit Schlamm versetzt ist, dann heißt das, dass Ihre Gefühle nicht ungehindert fließen können, Ihr Leben gerade ins Stocken geraten ist, Sie nicht wirklich in Ihrem Element sind. Auffallend ist an Ihrem Traum, dass er stark den Kontrast betont zwischen klarem und dunklem Wasser. Im ersten Teil des Traumes duschen Sie mit Freunden, die Gefühle fließen, ja sogar so, dass Sie sie gar nicht abstellen können. Im zweiten Abschnitt sind Sie mit sich alleine, das bereitet Ihnen offenbar Probleme. Kann es sein, dass Sie sich einsam und traurig fühlen ohne andere Menschen? Eventuell hängen Sie der Vergangenheit nach? Diese negativen, dunklen Gefühle wollen Sie abwaschen, aber das geht nicht so einfach (der andere Mann könnte eine Verstärkung dieser Thematik bedeuten). Vielmehr scheinen Sie sich dann – im dritten Teil des Traumes – auf die intellektuelle Ebene (ins Gespräch) zu begeben, wo Sie dann auch das dunkle Element vergessen. Sie schrieben mir, dass der Traum ausgelöst wurde durch die bevorstehende Begegnung mit Ihrer Exfreundin. Sie hatten Sie gebeten, während Ihres Urlaubs Ihre Pflanzen zu gießen. Sie sollte sich um etwas kümmern, das Ihnen gehört und Ihnen etwas bedeutet: Ihre Blumen gießen (Wasser) heißt indirekt, Interesse an Ihnen zeigen, sich um Sie kümmern. Sie tut das auch, zeigt aber deutlich, dass sie nicht mehr alleine ist. Das könnte Sie auf Ihre momentane Situation zurückgeworfen haben: Zusammen mit Freunden geht es Ihnen gut, alleine zu sein, macht Ihnen Angst, der Sie nicht allein durch Abwaschen entgehen, sondern durch Ablenken, indem Sie sich mit anderen in einem geschützten Rahmen treffen und damit mehr die Verstandes- als die Gefühlsebene betonen. Darin steckt auch die Lösung. Hängen Sie nicht dunklen Gefühlen nach, treffen Sie andere Menschen zu gemeinsamen Aktivitäten. Ich wünsche Ihnen dabei viel Erfolg.

Meine Tochter und ich können fliegen

Ein Flug über alle Grenzen hinweg …

Bericht der Träumerin

Seit einem halben Jahr habe ich jede Nacht folgenden Traum: Es ist eine sternenklare Nacht und der Mond scheint durch ein paar Schleierwolken hindurch. Ich stehe gemeinsam mit meiner Tochter auf dem Dach unseres Hauses. Wir tragen beide lange, weiße Gewänder. Der Wind weht uns kräftig ins Gesicht. Vom Dach aus kann ich die Bäume an unserer Grundstücksgrenze sehen. Mit weit geöffneten Armen gleite ich langsam vom Dach und beginne zu fliegen. Ich fliege bis zu den Baumkronen und kehre dann zurück zu unserem Haus und fordere meine Tochter auf, es doch auch einmal zu versuchen. »Komm, du kannst das auch! Du schaffst das!« Es dauert eine Weile und ich fliege noch eine Runde alleine. Dann aber gleitet auch sie ganz vorsichtig vom Dach und beginnt zu fliegen. Hand in Hand fliegen wir gemeinsam eine Runde über unser Haus, dann fliegen wir in die Nacht, weit weg – über die Baumkronen hinweg.

Traumberatung

Wenn sich ein Traum so lange jede Nacht wiederholt, dann hat er eine sehr wichtige Botschaft oder Aufforderung und eine große Dringlichkeit. Sie sollten unbedingt Ihre Lebenssituation anschauen. In diesem Traum können Sie etwas, was für Menschen nicht möglich ist: Sie fliegen. Sie drehen noch eine Art Abschiedsrunde und fliegen dann über die Begrenzung des Grundstücks und über die Baumkronen in die Nacht. Meistens erscheinen solche Flugträume in schwierigen Situationen. Ihr Traum beschreibt das mit den Worten: Der Wind wehte uns kräftig ins Gesicht. Hier ist der Traum wohl als Kompensation zu sehen, Sie und ihre Tochter erheben sich über alles hinweg. Der Wunsch, alles hinter sich zu lassen, frei wie ein Vogel zu sein, wird hier sichtbar. Im Traum gibt es mehrere sehr weibliche Symbole: Nacht, Mond, Mutter, Tochter, weiße Gewänder ... Das männliche Element fehlt. Hat das etwas mit Ihrem Wegflug zu tun? Hier stellt sich die Frage: Wie ist Ihre reale Situation, vor wem oder vor was wollen Sie fliehen? Das können nur Sie beantworten.

Sind meine Träume eine Warnung?

Bericht der Träumerin

Ich bin seit 15 Jahren im Polizeidienst. Noch nie habe ich von meiner Arbeit geträumt.

Jetzt aber habe ich innerhalb kürzester Zeit gleich dreimal »dienstlich« geträumt. Traum 1: Während meiner Arbeit hat es einen tragischen Todesfall gegeben, den ein Kollege von mir verursacht hat. Ich habe den Vorfall im Traum beobachtet und mich gewundert, warum sich der Kollege alleine in eine solche Gefahrensituation begeben konnte, ohne auf Unterstützung zu warten. Wer der Kollege war, habe ich nicht erkannt. Traum 2: Mir ist ein Gefangener entflohen. Ich habe ihn einfach gehen lassen und musste mich vor einem hochrangigen Offizier dafür rechtfertigen. Dieser Offizier wollte mir auch unbedingt die Schuld für mein fahrlässiges Handeln nachweisen. Traum 3: Hier ging es um eine sehr sensible Großveranstaltung. Zusammen mit zwei Kollegen (einen davon habe ich erkannt, den anderen nicht) wurden wir in einen Hinterhalt gelockt. Meinen Kollegen und mich hat es dabei ziemlich erwischt – ich wurde mit einem Messer verletzt. Der Kollege, den ich nicht kannte, hat uns einfach im Stich gelassen. Was hat das alles zu bedeuten? Ich mache meinen Job gerne und habe in letzter Zeit auch nichts Gravierendes erlebt, was mich hätte schockieren können. Muss ich mich in Acht nehmen? Wenn ja, wovor?

Traumberatung

Sie träumen drei Mal von Situationen, in denen Unvorsichtigkeit, Unzuverlässigkeit, Ausgeliefertsein und Ohnmacht eine starke Rolle spielen. Das kann bei Ihrer Arbeit wirklich lebensgefährlich sein. Gefragt nach schwierigen Umständen in Ihrem Leben gaben Sie an, dass nichts Bedrohliches vorliege. Auffallend ist jedoch, dass Sie mehrfach von Kollegen träumen, die Sie nicht kennen. Wenn unbekannte Personen im Traum auftauchen, kann es sich um unbewusste Anteile unserer Persönlichkeit handeln. Ein unbekannter Kollege begibt sich in Gefahr, ohne auf Unterstützung zu warten – das bezahlt er mit dem Leben. Gibt es Bereiche in Ihrem Leben, in denen Sie vielleicht Alleingänge wagen und leichtsinnig sind? Situationen, bei denen Sie im Nachhinein sagen, da hätte ich mir Hilfe holen müssen, wollte es aber alleine schaffen? Im 2. Traum handeln Sie fahrlässig, Sie passen nicht auf, lassen einen Gefangenen entlaufen. Eine unbekannte Autoritätsperson will Ihnen Schuldhaftigkeit nachweisen. Und im 3. Traum geraten Sie in eine Falle und werden sogar verletzt. Ein Kollege flieht, ohne Ihnen zu helfen. Ich halte den Traum nicht für prognostisch, also nicht zukunftsweisend. Träume zeigen oft etwas übertrieben unsere Lebensmuster auf, also Verhaltensweisen, die wir ganz automatisch an den Tag legen. Das tut dieser Traum auch. Er spiegelt Ihnen etwas drastisch Ihren Umgang mit Verantwortung, Leistung und Aggression.

Wie gehen Sie im realen Leben damit um? Haben Sie Angst zu versagen? Überfordern Sie sich ab und zu? Haben Sie das Gefühl, nicht zu genügen? Immer alles gut und richtig machen zu müssen – das erhöht gleichzeitig die Angst zu versagen. Der Traum hat diese Themen in Verbindung mit Ihrer Arbeit gebracht, da sie auf dieser Ebene in ihrer Funktion sehr stark zum Ausdruck kommen. Aber überprüfen Sie Ihre Haltung einmal ganz allgemein und nehmen Sie nötigenfalls eine Korrektur bzgl. Ihrer Einstellung zu Leistung und Verantwortung vor.

Zu viel des Guten gefährdet Sie (Traum 1), zu wenig auch (Traum 2, 3). Es geht um das richtige Maß – die Zeit dies herauszufinden, wäre reif.

Ich trauerte um eine unbekannte Frau – kurz vor meiner Hochzeit

Bericht der Träumerin

Mein Traum ist ganz kurz, belastet mich aber sehr. Können Sie mir den Traum deuten, obwohl er nur aus ein paar Sätzen besteht? Ich träumte vor ein paar Tagen, dass eine Frau gestorben ist. Sie war unbeschwert, unkompliziert und überall beliebt. Ich trauere um sie. Ich kenne die Frau aus dem Traum nicht. Warum berührt mich das so? Ich werde in drei Monaten heiraten, worauf ich mich sehr freue. Nun habe ich aber Angst, dass der Traum ein ungutes Vorzeichen für meine Ehe sein könnte.

Traumberatung

Auch sehr kurze Träume stecken voller tiefer Aussagen. In Kürze werden Sie Ehefrau, vielleicht auch Mutter. Ihre Rolle als Frau verändert sich. Bald werden Sie ein Ritual vollziehen (Hochzeit), danach gehören Sie ganz offiziell zu einem Mann, für den Sie »in guten wie in schlechten Zeiten«, also immer, da sein werden. Aus der jungen Frau ohne Verpflichtungen (unbeschwert) wird nun eine Ehefrau, die eine neue Verantwortung trägt für sich und die Ehe. Obwohl sich in Ihrem Leben wahrscheinlich äußerlich nichts Grundlegendes ändern wird, und Sie sich sicherlich auf Hochzeit und Ehe freuen, so ist Ihr Status nun doch ein anderer. Solche Übergänge lösen manchmal neben der Freude auch Trauer aus. Das ist eine völlig normale Reaktion und kein schlechtes Vorzeichen, vielmehr Ausdruck psychischer Gesundheit. Der Traum führt Ihnen etwas drastisch das Ende eines Lebensabschnitts vor Augen. Der neue wird bald beginnen. Lassen Sie beide Gefühle zu – Abschied und Neuanfang gehören zusammen. Ich wünsche Ihnen eine fröhliche Hochzeit und eine glückliche Ehe.

Mein toter Vater erkennt mich nicht

Bericht der Träumerin

Vor langer Zeit starb mein Vater nach schwerer Krankheit. Viele Jahre hatte ich immer wieder denselben Traum: Ich komme in eine Kneipe, schaue an den Bar-Tresen, wo mein Vater sitzt, er dreht sich um, sieht mich an und wendet sich wieder ohne irgendeine Regung von mir ab, so als kenne er mich gar nicht. Ich wiederum denke, dass er doch tot ist. Oder ist er es doch nicht? Kann mir das jemand erklären?

Traumberatung

Auf mich macht das den Eindruck, als wären diese Träume Versuche der Seele, den Tod des Vaters zu verarbeiten. Als Zusatzinformation schrieben Sie mir, dass Sie noch ein Kind waren, als Ihr Vater starb und manchmal daran zweifeln, ob er wirklich im Sarg liegt. Es kann gut sein, dass Sie den Vater nicht mehr gesehen haben, als er tot war, oder nicht zur Beerdigung mitgenommen wurden. Dann ist es viel schwerer, den Tod wirklich zu akzeptieren, besser gesagt zu verstehen. Aus vielen Fällen weiß ich: Wenn man den Toten nicht wirklich gesehen hat, zweifelt man manchmal am Tod dieses Menschen. Das ist ein ganz normales Phänomen, auch wenn es sonderbar klingt. Sie sehen Ihren Vater im Traum in der vertrauten Kleidung am vertrauten Ort sitzen, er aber schaut weg. Könnte es sein, dass Sie sich in irgendeiner Weise schuldig fühlen am Tod Ihres Vaters? Gerade Kinder glauben oft, durch Ihr Verhalten etwas zu bewirken, was sie jedoch gar nicht beeinflussen können. Dieses Wegsehen kann aber auch bedeuten, dass ein Teil der Seele weiß, dass Ihr Vater Sie nicht mehr in der Realität wahrnehmen kann, weil er tot ist, die Sehnsucht eines anderen Teils in Ihnen aber wünscht sich, vom Vater gesehen zu werden. Vielleicht können Sie Frieden schließen mit dieser Sehnsucht. Schreiben Sie Ihrem Vater einen Brief oder erzählen Sie ihm am Grab, wie es Ihnen geht. Schildern Sie ihm Ihre Zweifel und Ihre Trauer. Versuchen Sie ihn jetzt als Erwachsene symbolisch noch einmal zu verabschieden.

Auf Ihre ganz persönliche Art und Weise. Ich wünsche Ihnen hierfür alles Gute.

In der Steilwand – den Abgrund vor Augen

Bericht der Träumerin

In Abständen träume ich immer wieder den gleichen Traum, der mich oft noch Stunden nach dem Wachwerden beschäftigt: Ich sehe mich an einer felsigen Steilwand stehen – unter mir der feste Boden. Neben mir eine frühere Kollegin, mit der ich eigentlich nie viel zu tun hatte. Wir zwei kämpfen um unser Leben, um nicht abzustürzen und halten uns krampfhaft mit beiden Händen an kleinen Felsvorsprüngen fest. Mit dem Rücken an die Wand gepresst, die Füße stehen auf wenigen Zentimetern Stein. Ich schreie immer wieder:»Inge, halt Dich fest, halt Dich fest!«. Aber mir war auch klar, dass wir ja irgendwann wieder zurück nach unten müssen, mit»nur-Festhalten« ist es also nicht getan. Ich habe Angst vor dem Absturz, halte mich krampfhaft fest, den Abgrund vor Augen. Ich muss zurück auf den Boden. Dann wache ich auf und vergewissere mich, dass ich in meinem warmen Bett liege!

Traumberatung

Wenn man immer wieder denselben Traum hat, ist das geradezu ein Hilferuf der Seele – noch dazu bei diesem Inhalt. Sie träumen sehr plastisch: Um das Leben kämpfen, mit dem Rücken gegen die Wand, den Abgrund vor Augen, sich krampfhaft festhalten,»irgendwie muss ich zurück«. Die Frage ist: Ist das ein Traum, der eine vergangene und scheinbar ausweglose Situation zu verarbeiten versucht? Dann sollten Sie das Erlebnis notfalls mit Hilfe eines Fachmanns aufarbeiten. Oder: Welche Situation im realen Leben veranlasst so einen Traum? Die Frau, die bei Ihnen ist, ist eine frühere Kollegin, das könnte ein Hinweis auf die Arbeitsstelle sein. Sind Sie da eventuell überfordert? Haben Sie sich zu weit vorgewagt oder sich zu viel zugetraut? Haben Sie sich in eine Sackgasse manövriert? Tragen Sie irgendwo zu viel Verantwortung? Es könnte sich auch auf andere Situationen beziehen. Prüfen Sie, welcher Bereich Ihnen so zu schaffen macht und handeln Sie sofort: Halten Sie sich nicht länger krampfhaft fest, Sie müssen ja doch zurück, sagt der Traum. Wagen Sie den Rückweg, notfalls lassen Sie los. Sollten Sie dennoch »abstürzen«, bedenken Sie im übertragenen Sinn: Besser ein Ende mit Schrecken, als ein Schrecken ohne Ende.

Meine Mutter war verwirrt und aggressiv –
Störung des weiblichen Prinzips

Bericht des Träumers

Ich träumte heute Nacht, dass ich in der Wohnung meiner Eltern war. Sie wohnen in einer Kleinstadt im Rheinland, die ich vor 18 Jahren verlassen habe. Das Verhältnis, das ich zu meinen Eltern habe, ist kein besonders gutes, sie sind 66 und 69 Jahre alt und sehr auf sich fixiert. Im Traum stand ich mit ihnen in ihrem Wohnzimmer. In einem Sessel saß auch meine Großmutter, die in Wirklichkeit inzwischen sehr dement in einem Altenheim wohnt, zu der ich immer ein sehr gutes Verhältnis hatte und die ich sehr liebe. Ich war im Traum sehr erstaunt, dass sie in der Wohnung zu Besuch war, denn eigentlich hätte sie ja

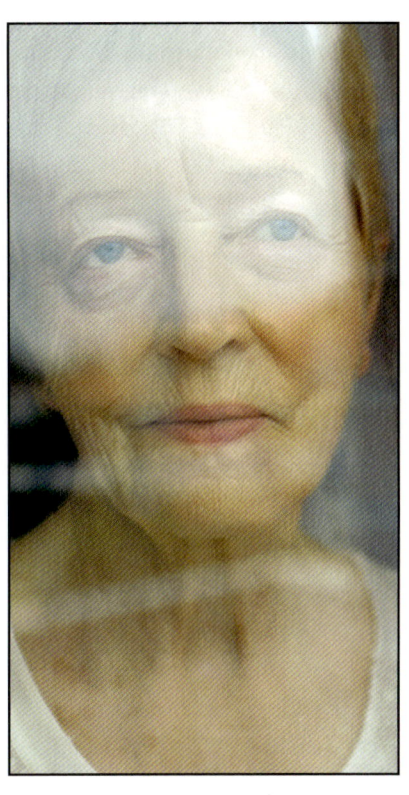

Oma war in ihrer eigenen Welt

im Altersheim sein müssen. Ich begrüßte sie überschwänglich, doch sie erkannte mich nicht und war auch eher abweisend. Ich war nicht sehr enttäuscht, weil meine Eltern mich bereits vorgewarnt hatten, dass meine Oma niemanden mehr erkenne. Dann sagte meine Oma, sie müsse auf die Toilette und stand auf. Doch plötzlich war sie verschwunden und an ihre Stelle war meine Mutter getreten. Sie wirkte nun plötzlich auch dement, leicht aggressiv und begann in einem sehr komischen Weg durch die Wohnung zu schreiten. Wir waren alle sehr bestürzt über die merkwürdige Verwandlung meiner Mutter. Dann wachte ich auf.

Traumberatung

Wird man im Traum ins Elternhaus zurückversetzt, sollte man sich immer fragen, was die momentane Lebenssituation mit der Kindheit und den Eltern zu tun haben könnte. Sie schreiben, dass die Eltern sehr auf sich selbst fixiert waren bzw. sind, das könnte bedeuten, dass Sie gefühlsmäßig zu kurz gekommen sind. Ausgleich hierfür war Ihre Oma, die Sie sehr lieben – wahrscheinlich hat sie Ihre Bedürfnisse besser befriedigt, sich Ihnen intensiver gewidmet, Sie einfach mehr gesehen und angenommen als Ihre Eltern.

Die Begegnung mit Ihrer Oma verläuft im Traum nun ähnlich wie die Beziehung zwischen Ihren Eltern und Ihnen: Sie werden nicht »erkannt«, ja sogar eher noch abgewiesen. Ihre Oma ist – wie Ihre Eltern – in ihrer eigenen Welt. Aus Krankheitsgründen und nicht absichtlich, aber eben nicht für Sie da. Plötzlich ist die Mutter an Omas Stelle – ebenfalls krank und nicht zu erreichen. Sie geht einen ganz eigenen, sonderbaren Weg.

Das weiblich-mütterliche Prinzip ist in Ihrem Traum »krank«, also weder nährend noch liebevoll. Es fällt einfach aus, tritt nicht in Kontakt zu Ihnen. Sie sind bestürzt. Fragen drängen sich auf wie: Gibt es in Ihrem derzeitigen Leben ein solches Defizit an Liebe, Geborgenheit, Anerkennung? Hat jemand, von dem Sie sich eigentlich mehr erwartet hatten, sich abgewandt? Hat sich etwas zerschlagen, das Ihnen gut getan hätte? Prüfen Sie, welcher Bereich hiervon betroffen sein könnte. Der Traum sagt, dass Ihre Bedürfnisse im Moment von außen nicht befriedigt werden. Versuchen Sie deshalb, sich diese mütterliche Seite selbst zugutekommen zu lassen, indem Sie sich ab und zu verwöhnen, sich selbst lieben und anerkennen und sich positiv bestärken.

Blut floss aus der Garage –
eine Frau zwischen zwei Männern

Bericht der Träumerin

Ich hatte einen komischen Traum. So als würde ich einen Film anschauen und darin spielten sich Szenen ab, die an den Film »Final Destination« erinnerten. Es waren unvorhergesehene Unfälle …

Ein Mann versuchte mit einer großen Maschine den Schnee vor seiner Haustüre bzw. in seinem Garten zu entfernen, dabei geriet die Maschine außer Kontrolle und fuhr über ihn hinweg – ein grausames Bild! Die Maschine teilte den Körper in zwei Hälften und trennte ein Bein komplett ab, das sich am Ende in der Maschine befand. Die zweite Szene ist etwas kompliziert zu erklären. Wieder ein Mann, der komischerweise zwischen einem Garagentor eingeschlafen war. Als er aufwachte und sich streckte, schloss sich das Tor und er wurde einfach zerquetscht. Er konnte nicht mal um Hilfe schreien, denn es ging alles so schnell, dass er auf der Stelle tot war. Niemand hatte etwas gehört und gesehen. Man konnte Ihn auch gar nicht sehen, er war dazwischen drin. Das Blut floss nur zögerlich aus der Garage und dem Tor, doch es floss überall hin. Nebenan befand sich ein Fluss, der das Blut wohlwollend in sich aufnahm. Ich werde diesen grausamen Traum nicht mehr los, können Sie ihn mir erklären?

Traumberatung

Hier handelt es sich um einen klassischen Albtraum. Sie erwähnen den Film »Final Destination«, dessen Hauptmotiv der Tod ist und der kein gutes Ende nimmt. Und immer wieder schreiben Sie, wie grausam dieser Traum war. Auffallend an dem Traum ist, dass Sie nicht selbst dabei sind, sondern wie bei einem Film von außen zusehen. Immer geht es dabei um Männer, die in irgendetwas vertieft sind, also die Aufmerksamkeit nicht nach außen bzw. zu Ihnen richten. Der eine arbeitet konzentriert, der andere befindet sich in einem entspannten Zustand direkt nach dem Aufwachen. Beide Männer kommen auf grausame Weise zu Tode, der eine wird in zwei Hälften zerrissen, wobei noch dazu ein Bein abgetrennt wird, der andere wird zerquetscht. In Ihrem Begleitbrief schreiben Sie von zwei Männern in Ihrem Leben. Von einem leben Sie getrennt, worunter Ihre Tochter sehr leidet, und Sie befinden sich durch ihn in einem finanziellen Engpass. Der andere hat Ihnen Liebe versprochen, meldet sich aber nicht mehr. Das Traumgeschehen symbolisiert zum einen Machtlosigkeit, man kann weder etwas kontrollieren noch verhindern und zum anderen große Aggression. Kann es sein, dass der Traum Ihre eigene Machtlosigkeit und gleichzeitig Ihre Wut auf diese Männer widerspiegelt? Sie können diese Männer nicht zwingen, sich anders zu verhalten. Sie können eigentlich nichts tun, müssen zusehen, wie es Ihrer Tochter schlecht geht und Sie gleichzeitig die Erfahrung einer unerwiderten Liebe machen. Im Grunde haben Sie es mit zwei Menschen zu tun, die Leid bringen, einmal der Tochter, einmal Ihnen, aber eingreifen, handeln und Abhilfe schaffen können Sie nicht. Dies zeigt auch die Tatsache, dass Sie im Traum nicht selbst auftauchen. Im Traum finden sich Symbole wie Schnee, Blut und Wasser (Fluss). All das hat mit der Gefühlswelt zu tun. Schnee ist gefrorenes Wasser, Blut ist der Lebenssaft, und der Fluss symbolisiert ebenfalls Lebenskräfte, Emotion und auch die Bewegung. Eingefrorene Gefühle, Lebenskraft, die wegfließt. Vielleicht versuchen Sie, sich mit Ihrem Schmerz, Ihrer Ohnmacht und Ihrer Wut in dieser Situation auseinanderzusetzen und diese anzuerkennen – und sich abzureagieren durch Sport, sich alles von der Seele zu schreiben oder irgendeiner Aktivität, die Ihnen entspricht, sodass sich keine Aggressionen anstauen und »grausam« entladen müssen, sondern im Fluss (fließend) bleiben. Dass der Fluss das Blut »wohlwollend in sich aufnimmt«, könnte ein Bild dafür sein. Im Wasser verdünnen sich Flüssigkeiten, Wasser nimmt alles mit sich, wie die Zeit. Von daher könnte sich hier ein verborgener Rat und ein positiver Ausblick für Sie zeigen.

Ich hörte nur Stille

Bericht der Träumerin

Ich hatte vor einiger Zeit einen seltsamen Traum: Ich fuhr in einem Auto, von dem alle vier Türen ausgehängt waren. Den Fahrer des Wagens konnte ich nicht sehen, aber wir saßen zu dritt im Auto, das langsam durch die grüne Landschaft fuhr. Man konnte den Sommerduft der Blumen riechen, die am Wegrand der Straße standen. Ich sprach mit einem älteren Professor, der mir sagte: »Du sollst jeden Augenblick genießen, ob er schön ist oder nicht, denn man weiß ja schließlich nie, ob man noch solche Augenblicke genießen kann.« Dann folgte Schweigen! Kein Geräusch war zu hören, weder das Gezwitscher der Vögel, noch der Motor des Pkws. Ich hörte nur Stille. Der alte Mann schaute mich an und meinte, die Menschen seien egoistisch, nehmen keine Rücksicht aufeinander, auch nicht auf die Umwelt, die sie zerstören. Sie holzen Regenwälder ab und zerstören wichtigen Lebensraum für bedrohte Tierarten, sie begreifen nichts – gar nichts, oder erst dann, wenn es zu spät ist. Denn irgendwann rächt sich die Welt für das, was wir ihr antun. Spätestens, wenn wir dann keine Luft mehr zum Atmen haben. Ich merkte, wie mir in dem Moment die Luft wegblieb! Ich wachte auf und atmete erst einmal tief durch – ich war in Schweiß gebadet, mein Herz raste wie verrückt, alles war nur ein Traum!

Traumberatung

Träume sprechen in Bildern, zu denen wir Bezug haben. In Ihrem Traum hat die Natur eine sehr große Bedeutung. Anfangs stellt sie einen wunderschönen Lebensraum dar, dann scheint plötzlich alles stillzustehen, alles schweigt, um dann in eine Bedrohung überzugehen. Dieser Lebensraum ist gefährdet. Im Traum spielen auch Zahlen eine Rolle. Die 4 und 3, die irdische und die göttliche Zahl. Zusammen ergeben sie 7, die Zahl der Schöpfung. Wieder haben wir einen Bezug zur Natur und damit zum Leben. Im übertragenen Sinne könnte das bedeuten, dass Sie im Moment durch ein angenehmes Leben »gefahren« werden, sich also nicht aktiv betätigen. Das aber könnte jederzeit zu Ende sein, ohne dass Sie Einfluss nehmen könnten. Kennen Sie diese Situation? Sind Sie vielleicht von jemandem abhängig und fürchten, dass Ihnen über kurz oder lang die Luft zum Atmen genommen wird? Haben Sie etwa mit egoistischen Menschen zu tun, die, wenn sie so weitermachen, ihre Freiheit gefährden? Eine innere Stimme – der ältere Professor – warnt Sie davor. Der Traum könnte eine Aufforderung sein, selbst aktiv zu werden, Dinge, die Ihnen wichtig sind, anzupacken, das Steuer selbst in die Hand zu nehmen, damit Sie sich nicht so ausgeliefert fühlen. Sorgen Sie aktiv dafür, dass es nicht so weit kommt, dass Ihnen die Luft zum Atmen fehlt – auf welchen Gebieten, wissen Sie selbst am besten. Immerhin kommt der Satz ganze dreimal vor in Ihrem Traum, es scheint also für Sie sehr wichtig zu sein.

Hektisches Kofferpacken – und kein Ende

Bericht der Träumerin

Seit Jahren habe ich einen bestimmten Traum, der sich sehr oft wiederholt, und zwar handelt es sich um eines der folgenden Themen: Schulabschluss, Studienabschluss oder Beendigung einer Reise. Dies sind stets die Ausgangspunkte für meine quälenden Träume. Ich muss dann in aller Eile meine Sachen packen, meinen Schreibtisch ausräumen, um abschließen zu können oder weiterzureisen. Alle anderen sind schon lange fertig mit dem Packen, nur BEI MIR kommt immer mehr Einzupackendes hinzu, sodass ich total die Übersicht verliere und heulend und verzweifelt jemanden bitte, mir zu helfen, weil ich kein Ende sehe und einfach nicht fertig werde damit! Es ist ein belastendes, luftabschnürendes und bisher aussichtsloses Gefühl! Ich kann nicht abschließen oder weiterreisen.

Traumberatung

Ein Schul- oder Studienabschluss bedeutet immer das erfolgreiche Ende einer längeren Lebensphase, in die Zeit und Mühe investiert wurde, um auf einem höheren Level (z. B. Beruf) weiterzumachen.

Das Ende einer Reise symbolisiert im Grunde das gleiche, nur dass es sich bei Reisen um kurzfristige Phasen handelt, die mit Urlaub und Entspannung zu tun haben. In Ihren Träumen wird deutlich, dass Sie kein Ende finden, selbst wenn das Leben Endpunkte markiert. Aus irgendeinem Grund können Sie weder loslassen noch weitermachen. Ihre Schlüsselworte im Traum sind »abschließen« und »weiterreisen«. Wer einen Zustand nicht beendet, hat keinen Platz für Neues.

Hierfür sind mehrere Ursachen möglich:

Könnte es sein, dass sich in diesen Träumen eine Zukunftsangst spiegelt? Man beendet eine Phase und hat Angst vor dem Ungewissen, das auf einen zukommt. Angst vor einer neuen Verantwortung. Gerade Schule, Studium und Reisen sind Momente, in denen man nur bedingt am Alltag teilnimmt. Man lernt fürs Leben oder genießt andere Länder und ist zumindest eine Zeitlang nicht in Arbeitspflichten und Eigenverantwortung eingebunden. Aber irgendwann kommt man im Alltag an und muss das Gelernte oder die Erfahrungen umsetzen und leben.

Vielleicht spiegelt sich auch ein Kindheitsmuster in diesen Träumen. Wenn Sie als Kind eine Aufgabe beendet hatten, gab es dann eine Belohnung? Oder noch mehr Aufgaben? Wurden Sie am »Weiterreisen« gehindert durch zu viel Verantwortung, die Sie tragen mussten, während andere längst ihren eigenen Weg gehen durften?

Wie sieht es momentan in Ihrem Leben aus? Können Sie überhaupt weiterreisen? Oder sind Sie derzeit in einer belastenden Situation, die kein Ende zu nehmen scheint und die Ihnen nicht erlaubt, in Ihrem Sinne unterwegs zu sein?

All dies könnten Ursachen für diese Art von Träumen sein. Da Sie schreiben, dass der Abschluss im Traum in aller Eile geschehen muss, kam mir der Gedanke, dass Ihnen möglicherweise ein Übergangsritual fehlt vom Beenden zum Neuanfang. Vielleicht finden Sie eine Methode, mit der Sie feierlich abschließen können, bevor es dann, ebenfalls mit einem Ritual Ihrer Wahl, weitergeht.

Im Traum holen Sie sich Hilfe. Auch das wäre eine Möglichkeit für Ihr reales Leben, wenn Sie das Gefühl haben, nicht weiterzukommen. Das Leben ist nun mal eine Reise mit vielen Endstationen und Neuanfängen. Es wäre – wie der Traum sagt – »gefährlich und luftabschnürend«, wenn Sie nicht in Bewegung blieben.

Ich war umzingelt von Aliens –
Ende und Neuanfang?

Bericht der Träumerin

Ich war irgendwo im Nichts, stand dort ganz allein, um mich herum war auch nichts zu sehen. Ich kann also nicht beschreiben, wo ich mich befand. Plötzlich kamen ganz viele Aliens auf mich zu, richtige Aliens, wie man sie aus Filmen kennt. Sie entführten mich. Es war keine Gewalt dabei und ich hatte auch keine Angst. Ich konnte nicht sehen, wohin sie mich brachten. Dann waren sie alle weg und ich war wieder allein und wieder im bloßen Nichts. Ich hatte auf einmal das Gefühl, in einer ganz anderen Welt zu sein, obwohl ich nichts, aber auch wirklich nichts sah (keinen Menschen, keinen Baum, kein Haus – einfach überhaupt nichts!). Und gleichzeitig hatte ich das Gefühl, auf einmal ganz von vorn und total neu anfangen zu müssen. Alles was ich hatte, hatte ich verloren. Ich hatte nichts mehr, war weg von allem, hatte keinen Menschen mehr um mich herum, den ich kannte. Dann wachte ich auf. Seltsamerweise war ich ruhig und ohne Angst, auch Tage danach. Der Traum hat mich noch eine Weile beschäftigt und ich frage mich nun, was das alles bedeuten könne, sehe aber der Zukunft auch nicht ängstlich entgegen.

Traumberatung

Haben Sie im Moment das Gefühl, aus Ihrer derzeitigen Situation heraus zu wollen und noch einmal ganz von vorn anzufangen? Der Traum sagt, dass Sie alleine dastehen und nichts sehen, also keine Perspektiven erkennen. Manchmal hat man Wünsche nach Veränderung, kann diese aber nicht erfüllen, weil man ins Leben eingebunden ist, Verpflichtungen hat, auch anderen Menschen gegenüber. Da kommen nun Aliens – Elemente von Fremdheit, Außerirdische – und entführen Sie. Im Gegensatz zu herkömmlichen Entführungen, wo Menschen sich zurücksehnen in ihr Leben, denken Sie an Neuanfang. Die Aliens nehmen Ihnen Entscheidungen, Abschiede, Verpflichtungen ab – sie holen Sie einfach aus einer Situation heraus und setzen Sie ins Nichts, wie die Reset-Taste an technischen Geräten. Sollten Sie im Moment vor einem Neubeginn stehen, dann wagen Sie ihn, egal, um welchen Lebensbereich es sich handelt. Aber tragen Sie auch die Verantwortung für das, was war. Aliens sind nun mal nicht von dieser Welt und wenn Sie seelischen Gesetzmäßigkeiten aus dem Weg gehen, könnten Sie sich auch in einer neuen Situation schnell – wie der Name Alien schon sagt – »entfremdet« fühlen. Ich wünsche Ihnen alles Gute!

Abhängigkeit und Freiheit

Kraft und Lebenslust

Bericht der Träumerin

Gemeinsam mit meinen Eltern war ich an einem schönen Ort in den Bergen. Obwohl ich meine Eltern nicht sah, weiß ich, dass sie mit dort waren. Es war ein warmer Sommertag. Dort sah ich wunderschöne junge kräftige Pferde rennen. Sie waren hellbraun und hatten eine blonde Mähne. (Sie hatten keine Sattel oder irgendwas anderes an sich) Danach sah ich einen Zeige-, Mittel- oder Ringfinger mit einem ca. 2 cm langen Eisensplitter.

Traumberatung

Der Traum beginnt sehr schön. Eine Berglandschaft, es ist warm, die Sonne scheint und Sie begegnen diesen wunderbaren Tieren. Pferde sind ein Symbol für Kraft, Gesundheit und Energie und hier auch von Freiheit und Ungebundenheit, denn sie sind ohne Sattel. Sie selbst haben die Eltern mit dabei, auch wenn Sie sie nicht sehen. Dann bemerken Sie einen Eisensplitter am Finger, etwas, das unangenehm ist und verletzen kann. Eisen steht für Härte, Stabilität, etwas, was lange hält, es gibt aber auch den Spruch »zum alten Eisen gehören«, also überholt, überkommen, nicht mehr zeitgemäß sein. Der Zeigefinger weist auf etwas hin oder mahnt, der Mittelfinger ist der längste der Finger, mit ihm kann man das »Du-kannst-mich-mal-Zeichen« setzen und der Ringfinger steht für Bindung.

Insgesamt bewirken die Finger die Beweglichkeit der Hand und haben mit Aktivität zu tun. Ein Eisensplitter kann Handlungen stören oder unmöglich machen. Könnte es sein, dass Ihre Eltern – im übertragenen Sinn – immer irgendwie mit Ihnen sind und Sie bei freiheitlichen Aktivitäten und in Ihrer Lebensenergie durch alte (längst nicht mehr nötige) Warnungen oder Moralvorstellungen bremsen? Wenn dem so ist, dann konzentrieren Sie sich auf die Pferde, befreien Sie sich von den Wertvorstellungen der Eltern und genießen Sie die Freiheit.

Ein grausamer Folterkeller – vom richtigen Umgang mit Aggressionen

Bericht des Träumers

Ich träumte einen sehr lebendigen, realistischen Traum, der fast wie ein Film anmutete. Ich bin in einem Haus, in dem es einen Mann gibt, der anscheinend verrückt ist; ich weiß nicht mehr, ob wir einander fremd oder befreundet waren/sind, aber ich bemerke im Laufe des Traumes, dass etwas mit ihm nicht stimmt. Es gibt eine Gruppe von Menschen (Freunde? Reisegruppe?), die er in den Keller gelockt hat, wo er einen nach dem anderen foltert bis zum Tod: zerschneidet, quält etc. (die anderen sind nicht einmal gefangen, sie bleiben bei ihm, aus ekelhaft-grausiger Faszination, als Publikum, nicht begreifend, dass sie einer nach dem anderen die nächsten sein werden). Ich versuche zu fliehen (im ganzen Traum ist es immer abends/nachts). Ich bin gezwungen, so zu tun, als ob ich nichts ahne, um fliehen zu können, versuche, den Mann zu täuschen mit Nettigkeit, gebe vor, nur etwas im Haus zu suchen und gleich nachzukommen; mein Ziel ist das Haus meines Vaters weiter auf dem Land, zu dem ich schon zu Beginn des Films unterwegs war, bevor ich in dieses Haus geriet. Ich träume außerdem deutlich davon, dass ich ein Handy in meiner Hosentasche habe, das nicht klingeln soll, damit es mir nicht weggenommen wird von ihm, und davon, dass es mir sehr schwerfällt, Turnschuhe anzuziehen, die ich aber zur Flucht brauche, finde auch nicht gleich ein passendes Paar. Ich wache von allein auf.

Traumberatung

Auf dem Weg zum Haus Ihres Vaters befinden Sie sich plötzlich in einem ganz anderen Haus, in dem ein »anscheinend verrückter Mann« Menschen in eine Falle lockt und sie grausam ermordet. Sie wissen nicht, ob Sie den Mann kennen oder nicht, eventuell sind Sie sogar befreundet. Dieser Traum hat eine negativ aggressive Komponente, das zeigen Szenen von Folter, Zerstückelung und Qualen. Sie wollen fliehen, offenbar fühlen Sie sich ohnmächtig. Sie dürfen auch nicht auffallen oder Kontakt zu anderen herstellen (Handy) und es fehlt Ihnen am geeigneten Fluchtwerkzeug (Schuhe). Auffallend ist, dass von drei Männern die Rede ist: von Ihnen (Traum-Ich), von einem anscheinend verrückten Mann und von Ihrem Vater. Die restlichen Personen bleiben undefiniert. Die Szene findet im Dunklen (abends/nachts) und im Keller statt, Symbole für das Unbewusste, aber auch für den »Schatten«. Den Ausdruck »Schatten« verwendete der Psychotherapeut und Traumexperte C. G. Jung für die Anteile in uns, die wir verdrängen. Es kann sich um Impulse handeln, um Verhaltensweisen, die im Elternhaus nicht erwünscht waren. Hier könnte es um das Thema Aggression gehen. Ein Hinweis auf den Vater findet sich im Traum. Wie ging Ihr Vater mit Aggression um? Wie waren Ihre Reaktionen darauf? Spiegelt sich hier ein altes Verhaltensmuster nach dem Motto: Nur nicht auffallen, nett und freundlich sein, fliehen, trickreich sein, wenn man mit Aggression von außen oder mit eigenen Aggressionen in Berührung kommt? Überprüfen Sie doch einmal Ihre momentane Lebenssituation. Haben Sie mit Wut und Ärger zu tun? Wie gehen Sie damit um? Gibt es hier ein Kindheitsmuster, das mit dem Vater zusammenhängt? Zwischen den beiden Extremen, die der Traum präsentiert, nämlich Handlungsunfähigkeit und Tod, existiert ein großes, konstruktives Aktivitätsspektrum, das es zu entdecken gilt. Der Traum regt an, sich jetzt damit auseinanderzusetzen.

Ich verheimliche meine Schwangerschaft

Bericht der Träumerin

Ich bemerke, dass ich schwanger bin. Ich bin total überrascht. Das Kind war nicht geplant, aber ich freue mich. Man sieht es schon, aber niemand darf es wissen. Ich ziehe mir etwas Weites an, als ich nach draußen gehe, damit mein Zustand nicht bekannt wird. Freudig gehe ich durch die Straßen, schaue dabei aber die Leute an, ob sie mir etwas anmerken. Ich bekomme Schuldgefühle. Warum verstecke ich das Kind? Stehe ich nicht dazu? Ich sehe eine junge Schwangere mit total dickem Bauch und bin ganz neidisch, wie sie selbstbewusst an mir vorbeigeht. Warum kann ich das nicht? Was hat dieser Traum zu bedeuten? Ich bin 42, ohne Kind, kann mir trotz meines Alters noch ein Kind vorstellen. Es ist aber kein Hauptthema in meinem Leben. Bedeutet der Traum, dass ich schwanger werde?

Traumberatung

Natürlich kann ein Traum auch prognostisch sein und Sie könnten schwanger werden. Aber das scheint mir hier nicht das Thema zu sein. Im Vordergrund steht hier die Verheimlichung der Schwangerschaft. Niemand darf sie bemerken. Woher kommt diese Angst? Hier gibt es mehrere Möglichkeiten: Anfang 40 ist eine Schwangerschaft meist noch möglich, und gerade dann spüren kinderlose Frauen plötzlich den starken Wunsch nach einem Baby, denn die biologische Uhr tickt nun wirklich hörbar. Es könnte der letzte Moment für ein Kind sein. Doch es ist denkbar, dass Sie sich gesellschaftlich gesehen als Mutter zu alt empfinden. Was sagen die anderen zu einer älteren Mutter? In jungen Jahren ist das legitim – in Ihrem Traum sehen Sie eine junge Schwangere, die ihren Bauch allen zeigt. Schwangerschaft im Traum bedeutet aber nicht nur, dass ein Kind kommt, sondern auch, dass etwas Neues in Ihr Leben tritt. Das kann ein Projekt sein, das erst im Werden ist, ein Vorhaben, das Sie planen, aber in der Entstehungsphase noch nicht öffentlich darüber sprechen wollen. Und schließlich könnte es ein Seelenanteil von Ihnen sein, der sich erstmals meldet, über den Sie sich freuen, den Sie aber noch nicht wirklich kennen, geschweige denn damit umgehen können. Vielleicht müssen Sie erst selber damit vertraut werden, bevor Sie damit nach außen gehen. Dass dies möglich sein wird, zeigt die Schwangere, die Ihnen begegnet. Durch sie wird deutlich, dass – egal, was sich da Neues anbahnt – die Zeit kommt, in der Sie neben der Freude auch selbstbewusst auftreten und dazu stehen können.

Geheimnisvolles Floß am dunklen Fluss – Traum nach dem Tod des Partners

Bericht der Träumerin

Ich sitze am Ufer eines dunklen Flusses, das Ufer ist hoch gelegen, ich schaue auf den Fluss hinunter. Von links kommt ein Floß, auf dem viele Menschen sitzen. Ich möchte auch gerne auf das Floß, die Sehnsucht danach ist groß, aber ich traue mich nicht hinunterzuspringen. Ich versuche zu erkennen, wer die Menschen sind, es gelingt mir nicht. Es könnte aber sein, dass mein Partner dabei ist, ich glaube ihn zu sehen. Das Floß zieht an mir vorbei. Ich laufe am Ufer entlang neben dem Floß – soll ich hinunterspringen oder nicht? Plötzlich macht der Fluss eine Kurve, das Floß segelt da hinein und verschwindet aus meinem Blickfeld. Ich weiß, dass es für immer weg ist. Ich bleibe allein zurück. Nachbemerkung: Ich träumte diesen Traum etwa vier Monate nach dem Tod meines Partners. Fühlte mich sehr allein nach dem Traum und fühle mich immer noch so.

Traumberatung

Nach dem Tod eines geliebten Menschen kann das Traumgeschehen sehr intensiv sein, denn die Seele ist damit beschäftigt, den Verlust zu verarbeiten. Sie sitzen allein am Ufer und sehnen sich nach Menschen und vor allem nach dem Partner, der zum Greifen nahe scheint. Wenn Sie hinunterspringen, hätten Sie die Chance den Partner wiederzusehen, Sie würden aus der Trauersituation herauskommen und wären nicht so alleine. Doch wären Sie (hinunter!) gesprungen, wären Sie Ihrem Partner gefolgt – nicht physisch, sondern seelisch. Der dunkle Fluss erinnert an den Unterweltfluss »Styx«, der die Grenze bildet zwischen dem Reich der Lebenden und der Toten. Die Seele wählte hier sehr schön das Bild eines Floßes, eines ganz einfachen Gefährts, das die Toten über den Fluss in eine andere Welt fährt. Nach einem Verlust ist die Sehnsucht mit dem Partner mitzugehen groß, Trauer und Schmerz beherrschen alles. Man möchte daraus entfliehen. Und in der Tat braucht man eine Zeit, bis man ein Stück weit losgelassen hat und hier weiterleben kann. Der Traum symbolisiert den Trauerprozess, Sie sind mit dem Tod konfrontiert, begleiten das Boot noch eine Weile, müssen eine Entscheidung treffen, ob Sie »mitgehen«, d. h. aufspringen und dabei »mitsterben«, d. h. unlebendig bleiben, oder sich wieder dem Leben zuwenden. Dieser Traum ist sehr wichtig für Sie. Er zeigt Ihnen, dass sich Ihre Seele ganz klar für das Weiterleben entschieden hat. Ihre Trauer wird noch eine Weile dauern und Sie werden sich sicher auch einsam fühlen, das gehört dazu. Aber der Traum macht unmissverständlich klar: Ihre Zeit ist noch nicht gekommen, Ihre Zukunft liegt im Reich des Lebens.

Prüfung – und alle Sinne vernebelt

Bericht der Träumerin

Ich soll in eine mündliche Prüfung gehen und bin sehr aufgeregt. Was, wenn ich einen Blackout habe und gar nichts mehr weiß? Ich kann an nichts anderes mehr denken. Wenn ich durchfalle, ist alles aus. Ich nehme Beruhigungstabletten, bevor es losgeht. Dann stehe ich vor zwei Prüfern. Sonderbarerweise prüft einer meine Kleidung, mein Auftreten, meine Art, der andere mein Wissen. Im Laufe der Prüfung wirken die Tabletten, und ich fühle mich völlig benebelt. So weiß ich auch nicht, wie die Prüfung ausgegangen ist. Ich höre die Fragen, aber kann mich nicht mehr an meine Antworten erinnern. Mein Freund erwartet mich draußen ganz gespannt. Aber ich kann ihm nichts dazu sagen. Ich wache auf. Was kann der Traum bedeuten, ich stehe vor keiner Prüfung? Aber der Traum geht mir nicht mehr aus dem Kopf. Dieses »alles oder nichts« beunruhigt mich. In Kürze stellt mein Freund mich seinen Eltern vor und ich fühle mich total verunsichert nach dem Traum. Am liebsten würde ich gar nicht hingehen.

Traumberatung

Prüfungsträume tauchen immer wieder einmal auf. Sie müssen nicht vor einer realen Prüfungssituation geträumt werden. Es kann sich um Ereignisse handeln, in denen wir uns auf irgendeine Art und Weise bewähren müssen. In diesem Traum werden Sie als ganze Person getestet. Nicht nur Ihr Wissen, wie in Prüfungen üblich, wird abgefragt, sondern auch, wer Sie als Mensch sind. Der Druck ist so stark, dass Sie sich »betäuben«, aus der Situation entfliehen und die Kontrolle über das Geschehen abgeben. Sie können Ihrem Freund nicht berichten, wie die Prüfung ausgegangen ist. Der Traum spiegelt den Wunsch, dass Ihr Freund sich ein eigenes Bild von Ihnen machen soll. Aber er zeigt auch, welch hohen Anspruch Sie an sich haben. Es geht um alles oder nichts, was Ihre Person anbelangt. Sie werden seinen Eltern vorgestellt – dies scheint mir auch der Auslöser für den Traum zu sein – und fühlen sich automatisch einer Prüfung Ihrer Person unterzogen. Mein Rat wäre: Geben Sie sich so, wie Sie sind, mit allen Stärken und Schwächen. Das nimmt den Druck. Wenn Ihr Freund Sie um Ihrer selbst willen liebt, ist er der Richtige, ob die Eltern mit Ihnen einverstanden sind oder nicht.

Es begann schön und wurde zum Alptraum –
ein schwieriger Ablösungsprozess von der Mutter

Bericht der Träumerin

Neulich hatte ich einen Traum. Der fing ganz harmlos an, wurde dann aber zu einem Alptraum. Ich ging mit meiner Mutter einen Weg entlang. Der Weg war mir bekannt, aber er entsprach nicht der Wirklichkeit. In meinem Traum war es ein schöner lauwarmer Sommertag. Ein Bilderbuchwetter! Alles grünte und blühte üppig. Viele Schmetterlinge flogen umher. Es war wunderschön. Meine Mutter, ich und alle Leute um uns herum waren im Stil der Jahrhundertwende angezogen. Wir waren fröhlich. Die Leute, die wir auf unserem Spaziergang sahen, waren alle gut gelaunt und schwatzten kurz mit uns. Der Weg teilte sich am Ende. Wir

Diesen Zug darf ich nicht nehmen!

gingen Richtung Bahnhof. Irgendwie wurde der Weg für mich immer schwerer, als ob ich Blei in den Füßen hätte. Kurz vor den Gleisen war da auch noch eine Art Schranke. Es durften immer nur wenige Leute rüber. Meine Mutter ging ohne mich. Ich bekam Angst. Ich wollte meine Mutter nicht aus den Augen verlieren. Der Schrankenwärter sagte: »Die Schranke bleibt jetzt zu, Niemand kommt in der nächsten Zeit rüber. Erst muss der Zug durch.« Als ich antwortete, dass ich unbedingt und so schnell wie möglich rüber müsse, sagte der Wärter: »Dann versuchen sie es doch mit dem Zug.« Ich ging zum Fahrkartenschalter und löste einen Schein. Dann ging ich durch einen dunklen Gang. Verlief mich kurz, landete dann aber in einem Wartesaal. Alle Menschen dort erschienen mir teilnahmslos und irgendwie bedrohlich. Ich bekam wieder Angst und wollte zurück. Raus in die Sonne. Ein Bahnschaffner drängte mich weiter. Jetzt bin ich auf dem Bahnsteig. Im Blickwinkel sehe ich wieder meine Mutter, wie sie inzwischen langsam weitergeht. Währenddessen unterhält sie sich mit Bekannten, die sie getroffen hat. Jetzt ist schon der Zug zu hören. Eine alte Dampflok. Meine Angst wird größer und ich will nur noch weg hier. Ich habe das Gefühl, dass es falsch wäre, diesen Zug zu nehmen. Er bringt mich nicht dorthin, wo ich hin will. Ich renne los. Nun versuchen auch die anderen Fahrgäste mich aufzuhalten. Der Gang, den ich zuvor genommen hatte, ist jetzt ein Labyrinth. Irgendwie schaffe ich es doch zum Fahrkartenschalten durch die Meute. Aber der Schaffner lässt mich nicht mehr raus. Meine Mutter ist kaum noch zu sehen. Ich renne wieder zurück zum Bahnsteig. Auf halbem Weg treffe ich den anderen Schaffner. Ich flehe ihn an, er möge mich doch durchlassen. Er schüttelt nur den Kopf und sagt: »Tut mir Leid, das geht nicht.« Inzwischen fährt der Zug ein. Der Schaffner weist mich mit einer einladenden Handbewegung an, einzusteigen. Ich renne weg. Zum Fahrkartenschalter. Dann wache ich auf, schweißgebadet und verzweifelt. Hat dieser schreckliche Traum eine Bedeutung?

Traumberatung

Der Traum beginnt mit einer Idylle. Bilderbuchwetter, alles grünt und blüht, alle sind gut gelaunt, es gibt Schmetterlinge. Sie gehen den Weg mit Ihrer Mutter, gekleidet im Stil der Jahrhundertwende. Hier vermute ich, dass das eine Kindheitserinnerung ist, ein Bild aus vergangenen Tagen oder aber eine tiefe Sehnsucht danach. Als Sie noch mit Ihrer Mutter zusammen waren, schien alles in Ordnung. Dann setzt eine Veränderung ein, der Weg gabelt sich. Und jetzt nimmt das Drama seinen Lauf. Sie bleiben auf dem Weg der Mutter, und merken, dass es da nicht weitergeht für Sie. Es gibt zahlreiche Hindernisse, Ihre Füße machen nicht mit, der Weg ist versperrt, sie verlaufen sich (Labyrinth) – und Ihre Mutter entfernt sich, trifft sogar Leute, d.h. sie kommt gut ohne Sie aus. Einen Zug nehmen, bedeutet eigentlich, aufzubrechen, neue Möglichkeiten auszuprobieren, einen ganz eigenen Weg zu gehen. Doch Sie wissen nur, dass der Weg, den Sie gerade nehmen – der Weg zur Mutter – nicht wirklich Ihr Weg ist. Könnte es sein, dass Sie sich gerade in einem Ablösungsprozess von Ihrer Mutter befinden? Der Traum zeigt zunächst, wie schön es mit ihr war. Als sich der Weg gabelt, entfernt sich die Mutter. Sie müssen nun den eigenen Lebensweg gehen und das macht Probleme, erzeugt sogar Angstgefühle. Noch sind Sie mit der Mutter sehr verbunden, doch eine innere Instanz weiß, dass Sie loslassen müssen. Der Schaffner, der diese innere Autorität verkörpert, versperrt Ihnen den Weg ebenso wie eine Schranke. Machen Sie sich bewusst, dass jeder irgendwann seinen ganz eigenen Lebensweg finden muss, manchmal verliert man dabei die Eltern (Mutter) aus den Augen, man kämpft sich alleine durch, irrt auch mal herum, aber dann trifft man sich auch wieder. In der Zwischenzeit ist man erwachsen geworden. In diesem Prozess scheinen Sie sich gerade zu befinden. Wenn Sie die Angst aushalten (Wartesaal) und eigene Wege wählen, werden Sie mit der Zeit zu sich selbst finden. Und dann können Sie Ihrer Mutter wieder begegnen – auf einer ganz neuen Ebene!

Immer wieder »Besuch« von meinem toten Vater – Traum nach dem Tod des Vaters

Bericht der Träumerin

Vor vier Monaten starb mein Vater, er war schon eine längere Zeit krank. Seit seinem Tod träume ich öfter von ihm. Es sind sehr komische Träume, die mir Angst machen. So habe ich neulich davon geträumt, wie er tot dagelegen hat und plötzlich wieder erwachte und zu mir sprach. Er versuchte, mir etwas zu sagen. Aber als ich aufwachte, erinnerte ich mich nicht mehr daran, was er gesagt hat. Ein anderes Mal habe ich auch geträumt, wie er im Pflegeheim tot weggebracht wurde. Auch da ist er wieder erwacht. Was bedeuten all diese komischen Träume? Ich denke, dass ich seinen Tod verarbeitet habe, es geht mir mittlerweile wieder gut und ich kann wieder lachen. Könnt Ihr mir bitte helfen und sagen, was das alles zu bedeuten hat – meine jüngeren Geschwister träumen nicht von ihm. Er erscheint nur in meinen Träumen.

Traumberatung

Ganz allgemein gesagt sind solche Träume nicht ungewöhnlich nach dem Tod eines nahestehenden Menschen. Vom Verstand her wissen wir um den Verlust, aber manchmal scheint es, als müsse die Seele sich erst daran gewöhnen, dass der geliebte Mensch wirklich nicht mehr da ist. Dann kommt es zu Traumgeschehen, in denen der Tote wieder erwacht, plötzlich wieder auftaucht und agiert, als sei er noch am Leben. Diese Träume werden meist abgelöst von solchen, in denen wir allmählich im Traum wissen, dass der Mensch, der hier lebendig erscheint, eigentlich schon tot ist – und irgendwann hören diese Träume dann auf.

Auch wenn es Ihnen wieder gut geht und Sie wieder lachen können, so ist es also normal, dass sich Ihre Seele noch im Verarbeitungsprozess befindet. Betrachten wir den Inhalt der Träume, dann fällt auf, dass Ihr Vater Ihnen etwas sagen möchte, und auch, dass Sie sich nicht daran erinnern können. Das könnte ein Hinweis darauf sein, dass es etwas gibt, was nicht geklärt werden konnte zwischen Ihnen beiden zu seinen Lebzeiten. Nehmen Sie sich ruhig einmal etwas Zeit und forschen Sie in Ihrem Inneren nach, ob da so etwas schlummert. Vielleicht hätten Sie auch gerne etwas von ihm gehört, als er noch lebte: eine Anerkennung, z. B. oder liebevolle Worte.

Auch schreiben Sie, dass Ihnen die Träume Angst machen. Hier könnte ebenfalls ein Schlüssel für die Art der Träume liegen. Was macht Ihnen Angst? Glauben Sie, dass Ihr Vater keine Ruhe findet, oder Sie eventuell vor einer Gefahr warnen möchte?

Wenn diese Träume Sie verfolgen, wäre ein Abschiedsritual hilfreich. Überlegen Sie, ob Sie so etwas durchführen wollen und wenn ja, welche Zeremonie Ihnen entspricht. Das könnte ein Brief an Ihren Vater sein, in dem Sie sich alles von der Seele schreiben, und den Sie dann am Grab vorlesen und anschließend verbrennen. Wichtig ist, dass das Ritual für Sie stimmig ist.

Ich wünsche Ihnen viel Erfolg und alles Gute für die Zukunft.

Eine schwarze Frau in meiner Wohnung

Bericht der Träumerin

Ich erwarte Gäste für den nächsten Tag. Habe alles aufgeräumt und schön hergerichtet. Mache noch einmal einen Rundgang durch meine Wohnung. Schaue alles an, finde meine Wohnung sehr schön. Mir gefällt auch, dass immer alle Türen geöffnet sind. Dann aber entdecke ich, dass die Tür eines Zimmers zu ist. Was ist das für ein Zimmer? Habe Angst es zu öffnen, aber irgendetwas drängt mich, es zu tun. Alles liegt im Dunkeln. Suche den Lichtschalter, finde ihn aber nicht. Gehe ein Stück ins Zimmer hinein, da sehe ich plötzlich eine Frau. Sie ist ganz in Schwarz. Täusche ich mich? Ist das eine Spiegelung? Nein, die Frau steht da, schaut mir sogar direkt ins Gesicht. Ich erschrecke mich zu Tode. Ich kann weder fortlaufen noch schreien, bin wie gelähmt. Ich kenne sie nicht, wie kam sie in meine Wohnung? Sie hat große Macht. Ich habe Angst, dass sie mich zerstört. Sie ist durch und durch böse, voller Hass und Wut. In Panik schrecke ich hoch.

Seither habe ich Angst, wenn ich in meiner Wohnung bin. Was kann der Traum bedeuten? Ist der Traum eine Warnung, gibt es vielleicht jemand, der mir Schlechtes will? Ich selbst bin eigentlich recht zufrieden, habe Freunde, eine Fernbeziehung, eine Arbeit, die mir gefällt. Ich komme mit allen gut aus, führe ein ganz normales Leben.

Traumberatung

Der Traum erinnert mich an ein Märchen, das es in vielen verschiedenen Varianten gibt. Immer geht es dabei um ein verbotenes Zimmer in einem Haus oder Schloss, zu dem der Zugang verwehrt wird. Aber genau das ist so spannend, dass dieser Raum zwangsläufig heimlich geöffnet wird. Dahinter verbirgt sich ein Geheimnis, das einem Angst macht. Hat man das Zimmer aber einmal betreten, gibt es kein Zurück mehr. Man muss sich mit dem Verborgenen auseinandersetzen.

Und genau das scheint mir hier auch der Fall zu sein. Ihr Leben wäre so angenehm, alles läuft gut, und doch gibt es da einen Bereich, der Ihnen ganz unvermittelt gegenübertritt und Sie mit negativen Seiten wie Wut und Hass und dem Bösen konfrontiert. Der Moment könnte nicht »schlechter« gewählt sein. Gerade als Sie andere Menschen in Ihre Privatsphäre einladen, als Sie repräsentieren möchten, einen guten Eindruck vermitteln und ein besonders schönes Bild von sich zeigen wollen – da meldet sich eine Seite, die Sie vielleicht gar nicht so kennen, und die dieses positive Bild, das Sie von sich, und andere von Ihnen haben, zerstören könnte.

Hier stellt sich die Frage: Wo sind Ihre Schattenseiten? Wie gehen Sie mit negativen Gefühlen um? Können Sie richtig böse werden, ihre Aggressionen zeigen? Sind Sie konfliktfähig? Jeder kennt diese Gefühle, aber aufgrund von Erziehung und Prägungen werden diese manchmal verdrängt, dürfen nicht geäußert werden. Dann wirken Sie umso mächtiger aus dem Unbewussten. In Ihrem Traum tauchen sie in Form einer dunklen, mächtigen Person (Schattenseite) auf, die Ihnen Angst macht – verdoppelt wird die Botschaft durch das Ihnen unbekannte Zimmer in Ihrer Wohnung. Der Traum wählt das Wort Spiegelung. Was wird hier gespiegelt? Die zwei Seiten in einer Person, das Positive und das Negative, hell und dunkel?

Ich wünsche Ihnen den Mut, sich diese Frau genauer anzuschauen, vielleicht auch einmal mit ihr ins Gespräch zu gehen. Dann verliert sie ihren Schrecken. Vielleicht steht sie Ihnen zur Seite, wenn Sie einen Konflikt austragen müssen. Nicht umsonst haben Sie sie jetzt in Ihrem Traum entdeckt!

Auto verloren – was bedeutet das?

Bericht der Träumerin

Ich war in einem Baumarkt und hatte zuvor mein Auto auf dem Parkplatz geparkt. Es war ein riesiges Gelände. Ich weiß auch nicht, was ich dort wollte. Dort kam ein freundlicher Mann auf mich zu und wollte mich zu dem Ausgang begleiten. Wir haben beide diesen Ausgang nicht gefunden. Wir sind auch durch einen Wellnessbereich und alle waren sehr freundlich. Endlich sind wir an einen Ausgang gekommen und auf freies Gelände. Aber mein Auto war nirgends zu finden. Ich bin einfach nicht zurechtgekommen, so viele Autos. Ich habe in diesem Traum nur immer das Auto gesucht. Das Gelände war sehr bergig und alles war voller Staub. Ich kann mit diesem Traum nichts anfangen. Ich träume so oft, dass ich mein abgestelltes Auto nicht finde und möchte doch einmal wissen, was dies für eine Bedeutung hat. Vielleicht fällt Ihnen in diesem Traum irgendetwas auf, warum ich immer suche?

Traumberatung

Warum Sie »immer suchen«, kann ich leider nicht beantworten. Aber der Traum, der ja offenbar wiederkehrend ist, was die Autosuche anbelangt, sagt schon viel aus. Vielleicht erfahren Sie hier etwas über mögliche Hintergründe, kommen sozusagen auf die richtige Spur. Zentrales Symbol ist das Auto. In der Grundaussage handelt es sich hier um ein schnelles Fortbewegungsmittel von A nach B, das wir selber steuern. Deshalb hat das Auto sehr häufig etwas mit unserer eigenen Lebensführung, unserer Unabhängigkeit und Selbstbestimmung zu tun. Im Traum fallen Sätze wie: Ich weiß nicht, was ich dort wollte, wir finden den Ausgang nicht, ich bin nicht zurechtgekommen, ich finde das Auto nirgends.

Wenn Sie diese Situation auf Ihr Leben beziehen, könnte es sein, dass Sie sich im Moment in einer Situation befinden, in der Sie nicht so recht wissen, wo Sie gerade stehen bzw. was Sie im Moment wirklich wollen und brauchen? Sie haben offenbar Mühe, aus einer Situation herauszukommen und sobald Sie eine Lösung finden (Ausgang), fehlt Ihnen das geeignete Mittel (Auto), um den letzten Schritt zu tun.

Es kommt natürlich auch darauf an, was Sie selber mit Auto verbinden. Da Sie es immer suchen, scheint es einen positiven Stellenwert zu haben. Sie finden es nicht, weil das Gelände bergig und voller Staub ist und weil da einfach zu viele Autos stehen. Ist es denkbar, dass Sie so viele Möglichkeiten haben, dass Sie sich darin verlieren? Den Wald vor lauter Bäumen nicht sehen?

Es könnte sich auch um eine Beziehungssituation handeln, in der Sie nicht wirklich handlungsfähig sind, da hier neben dem helfenden Mann und Ihnen auch zwei weitere Symbole auftauchen, die stark an männlich und weiblich erinnern: Der Baumarkt und der Wellnessbereich. Nirgendwo gehören Sie dazu. Schließlich könnte der Traum auch aussagen, dass der aktive männliche und der passive weibliche Anteil in Ihnen nicht im Einklang sind, und dass Sie deshalb nicht weiterkommen. Sie sehen, es gibt verschiedene Deutungsmöglichkeiten mit dem gleichen Grundton: Sich selber und den eigenen Weg finden sowie handlungsfähig sein. Wichtig ist, dass Sie sich damit auseinandersetzen, denn Träume, die sich wiederholen, sind ein Hilferuf der Seele um Klärung.

Meine Schuhe werden immer schwerer – ein Überforderungstraum

Bericht der Träumerin

Ich bekomme ein neues Paar Allround-Schuhe geschenkt. Ich ziehe sie sofort an und gehe auch gut darin. Doch dann bemerke ich, dass die Schuhe allmählich immer schwerer werden. »Das kann doch nicht sein«, denke ich. Aber ich werde immer langsamer, schließlich kann ich nur noch mühsam einen Fuß vor den anderen setzen. Und dann bleibe ich stehen, komme nun gar nicht mehr voran. All das dauert ewig lange. Ich möchte die Schuhe sofort ausziehen, aber es geht nicht.

Sie scheinen mit mir verwachsen zu sein. Ich bekomme Panik, will nur noch raus und weg. Wache schweißgebadet auf. Der Traum fühlt sich schrecklich an.

Traumberatung

Schuhe dienen uns hauptsächlich als Fortbewegungsmittel, aber sie sind auch ein Modeartikel, sagen etwas über den Geschmack und manchmal auch über den finanziellen Status des Trägers aus. All-round-Schuhe – das klingt so, als ob damit alles begehbar und machbar wäre. Doch anstatt Sie überall hinzubringen, passiert genau das Gegenteil: Diese Schuhe bremsen Sie so aus, dass kein Vorwärtskommen mehr möglich ist.

Übertragen auf Ihre momentane Lebenssituation könnten sich folgende Fragen ergeben: Haben Sie sich von einer Chance oder Situation, die vielversprechend aussah, eventuell zu viel erhofft? Vielleicht kennen Sie den Ausdruck:»Dieser Schuh ist eine Nummer zu groß für mich.« Das bedeutet, dass man überfordert ist. In Ihrem Fall ist der Schuh zu schwer. Sehen Sie sich mit neuen Aufgaben konfrontiert, die Ihnen momentan so viel abverlangen, dass Sie nicht weiterkommen?

Zwei Gegensätze fallen mir in Ihrem Traum auf, die sich nur blockieren können:»langsam«,»ewig lange« und»sofort, raus und weg«. Überprüfen Sie doch einmal, wie Sie Ihre Energien einsetzen und wie es mit dem richtigen Zeitpunkt für Ihre Projekte aussieht. Vielleicht haben Sie die Allround-Schuhe einfach nur zu früh angezogen? Nehmen Sie sich etwas Zeit, sammeln Sie Ihre Kräfte und orientieren Sie sich neu. Dann können Sie auch wieder»durchstarten«. Der Traum verspricht, dass Sie mit diesen Schuhen alle Möglichkeiten dazu haben.

Der Vater saß neben seinem Grabstein – unklare Todesumstände

Mysteriöse Todesumstände

Bericht der Träumerin

Meine Mutter erzählte mir einst von einem für sie sehr emotionalen und gleichzeitig verwirrenden Traum. Sie träumte, ihr Vater saß neben seinem Grabstein auf seinem Grab und weinte. Sie konnte sich nicht erinnern, ihren Vater je weinen gesehen zu haben. Sie wollte daher wissen, warum er denn weine und fragte ihn daraufhin. Ihr Vater antwortete, weil er kein Geld habe und deshalb sein Haus habe verkaufen müssen.

Auch mich hat dieser Traum nicht losgelassen. Die Umstände, unter denen mein Großvater zu Tode kam, sind nie aufgeklärt worden. Entweder hat er beschlossen zu gehen oder er ist gegangen worden – was meine Mutter glaubt. In jedem Fall hatte sein Tod mit seinem Haus und seinem Geld zu tun. Vielleicht gibt es etwas in dem Traum, das Licht in diese Sache bringen könnte.

Traumberatung

Immer wenn die Umstände eines Todes unklar sind, findet man nur schwer Ruhe als Hinterbliebener. Das zeigt sich auch sehr »schön« – wenn auch traurig – in diesem Traum. Der Vater sitzt auf dem Grab, also ist er nicht beerdigt, sondern noch da: Es gibt noch etwas zu sagen, das mit viel Gefühl (Tränen) und Schmerz verbunden scheint. Da ist noch kein Frieden gefunden. Sicherlich nicht bei Ihrer Mutter, da sie den Traum hatte, eventuell auch nicht beim Vater. Und auch bei Ihnen nicht, da Sie der Traum »nicht loslässt«, wie Sie schreiben. Der Traum spiegelt die Situation im Tod wie im Leben: Ihr Großvater musste sein Haus verkaufen, das heißt einen Platz der Geborgenheit und Zugehörigkeit aufgeben, und auch nach seinem Ableben kann er nicht an dem dafür vorgesehenen Ort ruhen. Wenn Sie die wahren Umstände seines Todes nicht aufklären können, schlage ich Ihnen eventuell eine Familienaufstellung vor. Mit dieser sehr effektiven psychologischen Methode können Sie Licht ins Dunkel bringen. Dann können alle Beteiligten von dieser Geschichte erlöst werden.

Mein Schutzengel verabschiedete sich von mir

Bericht der Träumerin

Was bedeutet es, wenn sich ein Wesen im Traum als Schutzengel vorstellt und sich liebevoll verabschiedet? Bin sehr gespannt auf die Antwort, weil sich der Traum ziemlich stark eingeprägt hat und mich auch ein wenig beunruhigt.

Traumberatung

Die christliche Religion spricht von einem Schutzengel, der jedem Menschen an die Seite gestellt ist. Das ist als Grundannahme sicher richtig. Doch heutzutage weiß man durch die intensive Beschäftigung mit den Engeln, dass viele zusätzliche Engel-Facetten möglich sind. In Träumen zeigen sich Schutzengel, Engel, die neu hinzukommen im Leben eines Menschen, Engel, die sich ablösen d. h. ein anderer übernimmt nun wichtige Schutzaufgaben, und Engel, die sich verabschieden. Es ist also durchaus möglich, dass sich verschiedene Engel um uns kümmern. Gerade wenn ein geliebter Mensch stirbt, hat man oft das Gefühl, er wache als Engel über dem Hinterbliebenen, er sorge dafür, dass sich glückliche Wendungen einstellen. Es gibt Zeiten, da brauchen wir besonderen Schutz, auch da ist es manchen möglich, eine starke Kraft »im Hintergrund« zu spüren, die Unterstützung bringt. Sie schrieben mir in einem persönlichen Brief, dass es sich bei dem Wesen, das sich Ihnen vorgestellt hat, um eine bestimmte bereits verstorbene Verwandte handeln könnte, die Sie zu ihren Lebzeiten als Beschützerin empfunden haben. Das deckt sich mit der Annahme, dass wir zeitweise »Verstärkung« erhalten, und wenn das Leben wieder in gute Bahnen gelangt ist, kann sich solch ein Wesen verabschieden, weil klar ist, dass wir nun alleine weitermachen können. Solche Träume können einen starken Eindruck hinterlassen, aber beunruhigen müssen Sie sich nicht. Unterstützende Kräfte, wie sie in Wesenheiten sichtbar werden, verabschieden sich nur, wenn ganz klar ist, dass sie nicht mehr gebraucht werden. Vielleicht können Sie zum guten Abschluss ein Abschiedsritual verbunden mit einem Dank vornehmen – wenn Ihnen danach ist.

Ein Sturz und meine Kraft ist weg – wird das passieren?

Bericht des Träumers

Ich hatte neulich folgenden Traum, der mich sehr beschäftigt. Ich joggte über die Felder, über kleinere und größere Straßen und durch einen Wald. Auf meinem Weg gab es verschiedene Hindernisse, die ich immer übersprang. Es machte mir nichts aus, ich hatte sogar Spaß daran auszuprobieren, ob ich es schaffe. Manchmal bog ich ab, um zu einem Hindernis zu gelangen und flog dann einfach drüber. Dann sah ich plötzlich einen Graben. Ob ich den überspringen kann? Ich wurde schneller, um Anlauf zu nehmen, und sprang! Doch ich schaffte es nicht, stürzte ab, lag im Graben. Ich fühlte mich jämmerlich, alles tat mir weh. Meine Kraft war weg. Nichts freute mich mehr. Gott sei Dank wachte ich auf. Nun habe ich Angst vor so einem Absturz. Ich laufe längst nicht mehr so sicher seit dem Traum. Hatte ich hier eine Vorahnung? Kann es passieren, dass ich einen Unfall habe? Meine Lebenssituation: Ich bin 42 und laufe wöchentlich 4–5 Stunden. Ich bin gesundheitlich topfit, das Laufen macht mir Spaß. Bin verheiratet und habe eine Arbeit, die mir gefällt. Mein Chef kündigte neulich eine Beförderung an. Ich muss danach einen Teil meiner Tätigkeit aufgeben zugunsten bürokratischer Arbeiten, habe aber mehr Verantwortung und bekomme mehr Geld. Ich weiß noch nicht, ob mir diese neue Arbeit Spaß machen wird. Sonst passt alles in meinem Leben gut.

Traumberatung

Der Traum beginnt wunderbar: Sie haben Spaß, spüren Ihre Kraft, nehmen spielerisch alle Hindernisse, ja, Sie suchen sie sogar, um sich zu beweisen und zu spüren. Doch plötzlich sehen Sie sich mit einer Herausforderung konfrontiert, die Sie trotz vermehrter Anstrengung nicht packen. Sie stürzen ab, kraft- und freudlos und voller Schmerzen liegen Sie im Graben. Ich sehe Ihren Traum nicht so sehr als Vorahnung eines Lauf-Unfalls, sondern vielmehr als Spiegel Ihrer momentanen Situation.

In Ihrem Leben gibt es in Kürze eine Veränderung in Form der Beförderung. Zweimal ist in Ihrer Schilderung von »Spaß« die Rede. Mehr Verantwortung und viel Bürokratie kann weniger Spaß bedeuten. In unserer Gesellschaft gelten eine höhere Position, ein gutes Gehalt und Verantwortung als erstrebenswert, sie sind mit Prestige verbunden. Aber ist das auch etwas, was Sie sich von Herzen wünschen? Mir scheint, dass Sie bisher mit Ihrer Tätigkeit und Position sehr zufrieden waren.

Größere Aufgaben und neue Situationen sind oft mit einer natürlichen Angst verbunden, diesen eventuell nicht gewachsen zu sein. Meist erweist sich so eine Befürchtung nach der Einarbeitungszeit als unbegründet. Es kann aber auch sein, dass Ihnen die oben beschriebenen »Werte« nichts bedeuten, dass Ihnen Ihr Spaß wichtiger ist als Prestige. Dann ist der Traum als Warnung zu verstehen. Nehmen Sie ihn zum Anlass, in aller Ruhe nachzuprüfen, ob Sie diese Beförderung wirklich wollen. Nicht jeder muss hoch hinauf, um glücklich zu werden.

Meine Träume werden wahr – bin ich ein Medium?

Bericht der Träumerin

Ich hatte zwei Träume, die Realität wurden. Im ersten Traum sah ich einen fremden Mann, der meiner fünfjährigen Enkelin Geld anbot und deutlich hörte ich ihn sagen:»Wenn Du mitkommst, gebe ich Dir noch mehr Geld.« Dann sah ich meine heulende Tochter, mein Enkelkind, das vor Angst zitterte, und meinen Schwiegersohn, umringt von einigen Männern. Wochen später passierte das, was ich im Traum sah. Durch beherztes Eingreifen vom Schwiegersohn ist meiner Enkeltochter Gott sei Dank nichts passiert. Dann träumte ich vom Autounfall meines Schwiegersohnes. Wochen später hatte er einen Unfall. Er überlebte ihn glücklicherweise mit minimalen Verletzungen. Was bedeuten solche Träume? Ich ecke mit meinen Vorhersagen in meiner Umgebung an.

Traumberatung

Sie haben offenbar Träume, die die Zukunft vorhersagen, sogenannte vorausweisende Träume. Es gibt nicht viele Menschen mit dieser Begabung. Natürlich kann das Angst machen. Man fürchtet sich, dass Träume schlimme Botschaften enthalten könnten. Aber sehen Sie es doch einmal von einer anderen Seite: Mit dieser Begabung können Sie unter Umständen andere Menschen warnen. Und wenn diese nicht darauf hören wollen oder sich sogar über Ihre Vorhersagen lustig machen, dann konnten sie eben Ihre gut gemeinte Hilfe nicht annehmen und haben eine Chance verpasst. Sie aber sind den anderen immer ein Stück voraus. Seien Sie nicht gekränkt, danken Sie den Engeln für diese ganz besondere Gabe. Ich wünsche Ihnen, dass Sie auf Menschen treffen, die Ihr Talent zu schätzen wissen.

Literaturliste

Adam, Klaus-Uwe: *Therapeutisches Arbeiten mit Träumen,* Springer Verlag, Berlin, Heidelberg, New York, 2000.

Hark, Helmut: *Von der Klugheit unserer Instinkte: Tierträume und ihre Bedeutung,* Königsfurt Verlag, Krummwisch, 2001.

Hark, Helmut: *Die Heilkraft der Träume,* München, Kösel Verlag, 2000.

Hark, Helmut (Hrg): *Lexikon Jungscher Grundbegriffe,* Walter Verlag, Zürich und Düsseldorf, 1998.

Kast, Verena: *Träume – Die Sprache des Unbewussten,* Walter Verlag, Düsseldorf, 2006.

Riedel, Ingrid: *Träume – Wegweiser in neue Lebensphasen,* Kreuz Verlag, Stuttgart, 1980.

Linn, Denise: *Die geheime Kraft der Träume,* Kailash Verlag (Verlagsgruppe Random House), München, 2010.

Schredl, Michael: *Träume – Die Wissenschaft enträtselt unser nächtliches Kopfkino,* Ullstein Buchverlage, Berlin 2007.

Vollmar, Klausbernd: *Das Arbeitsbuch zur Traumdeutung,* Iris Bücher, Amsterdam, 2002.

Vollmar, Klausbernd: *Vollmars Welt der Symbole,* Königsfurt Verlag, Krummwisch, 2003.

Bildquellenverzeichnis

S.6 Fotolia, Key in the keyhole © *stoupa* · S.9 Wikipedia; Michelangelo: Die delphische Sibylle · S.14 Fotolia, waxing crescent upon the ocean © *Alessia* und Raven © *Ivan Bliznetsov* · S.18 Wikipedia; Portrait of Sigmund Freud ca. 1900 · S.20 »Geschriebener Traum« von Hermann Betken und Fotolia, Kugelschreiber ©*Anne Katrin Figge* · S.22 Fotolia, Kräutertee © *Olaf Rehmert* · S.24 Fotolia, Above the Clouds Heavenly Lunar Sky © *Dan Collier* und der Karte »Der Narr« aus dem A.E.Waite Tarot · S.34 IStockPhoto, Above Red tulips in the snow © *Plougmann* · S.42 Wikipedia, A rock, the ocean and the boys, who never stood still :) von *Mila Zinkova* · S.48 IStockPhoto, amish horse and buggy © *juanmonino* und Fotolia, spring sunset © *Iakov Kalinin* · S.51 Fotolia, Raven © *Ivan Bliznetsov* · S.58 Fotolia, sleeping cat © *Galyna Andrushko* · S.64 Fotolia, Angel © *happyangels* · S.68 Fotolia, close-up of a beautiful ocean wave © *Eric Gevaert* · S.72 Fotolia, Alter Mann © *mirpic* · S.75 Wikipedia, NYC, Top of the Rock, Panoramaaufnahme von *Daniel Schwen* · S.82 Fotolia, Autumn Vineyard in France © *iNNOCENt* · S.88 Fotolia, window © *Phototom* · S.95 Wikipedia, Picture of Parthenon from south von *Thermos* · S.106 Fotolia, Old phone on the destroyed wall © *Andrey Zyk* · S.113 Fotolia, business people in motion blur © *SVLuma* · S.120 Fotolia, Fairy flying girl © *George Mayer* und Fotolia, moon in darkness © *S* · S.127 Fotolia, tristesse © *Papirazzi* · S.136 Fotolia, wer ist die schnellste? © *Christa Eder* · S.143 Fotolia, Brockenbahn © *Nicolette Wollentin* · S.152 Fotolia, Misty Overgrown Cemetary © *AlienCat*

BIBLIOTHEK DER ORAKEL

Jeder Band besteht aus einer dekorativen Box mit Gold- oder Silberdruck.
Enthalten ist jeweils 1 Buch (farbig) und 1 hochwertiges Non-Book (z. B. Karten oder Pendel).

Große Themen – namhafte Autoren

Pia Schneider / Stella Bernheim
KIPPER
Illustrierte und erweiterte Neuausgabe
Buch und Original-Kipperkarten
ISBN 978-3-86826-725-9

Pia Schneider / Ruth Kendell
ENGEL
Illustrierte und erweiterte Neuausgabe
Buch und Engel-Karten
ISBN 978-3-86826-726-6

Rachel Pollack
TAROT
Deutsche Erstausgabe
Buch und Waite-Tarotkarten
ISBN 978-3-86826-727-3

Ingrid Kraaz von Rohr / Susanne Peymann
PENDEL
Originalausgabe
Buch und schönes Messingpendel
ISBN 978-3-86826-728-0

Katrin Rosali Giza / Susanne Schöfer
LENORMAND
Originalausgabe
Buch und Lenormand-Karten
ISBN 978-3-86826-729-7

Edred Thorsson
RUNEN
Illustrierte und erweiterte Neuausgabe
Buch und 24 Buchenholz-Runen
ISBN 978-3-86826-730-3

Sabine Lechleuthner
TRAUM-DEUTUNG
Buch und Traum-Tagebuch
ISBN 978-3-86826-731-0

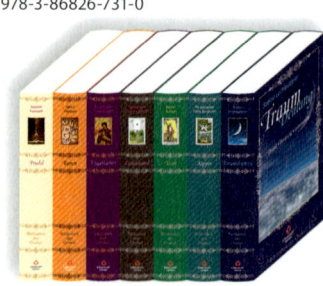

Alle 7 Bände zusammen (mit Preisvorteil)
ISBN 978-3-86826-735-8

Nichts ist so, wie es scheint

Cartoon: Stefan Stutz

GEISTHEILER? AUFGESTIEGENER MEISTER? KARTENLEGERIN? REINKARNATIONS-EXPERTE?

Wir klären auf – *connection* im Abo